我爱灿烂的五千年

了解一方文明从一座博物馆开始

文物没有呼吸
却有不朽的灵魂和生命
穿越千年与我们相逢

一本博物馆
全国博物馆通识系列

大同市博物馆

大同市博物馆　编著

四川人民出版社

图书在版编目（CIP）数据

大同市博物馆 / 大同市博物馆编著. -- 成都：四川人民出版社，2024.5（2024.10 重印）
（全国博物馆通识系列. 一本博物馆）
ISBN 978-7-220-13556-9

Ⅰ. ①大… Ⅱ. ①大… Ⅲ. ①博物馆—概况—大同 Ⅳ. ① G269.272.53

中国国家版本馆 CIP 数据核字（2024）第 045120 号

DATONGSHI BOWUGUAN
大同市博物馆
大同市博物馆　编著

出 版 人	黄立新
选题策划	北京增艳锦添
统筹编辑	蒋科兰　李天果
责任编辑	李昊原
特约编辑	李天果　温浩
责任校对	林泉
责任印制	周奇
装帧设计	北京增艳锦添　沈璜斌
出版发行	四川人民出版社（成都市锦江区三色路 238 号）
网　　址	http://www.scpph.com
E-mail	scrmcbs@sina.com
新浪微博	@四川人民出版社
微信公众号	四川人民出版社
发行部业务电话	（028）86361653　86361656
防盗版举报电话	（028）86361661
照　　排	北京增艳锦添企业形象策划有限公司
印　　刷	成都市东辰印艺科技有限公司
成品尺寸	155mm×220mm
印　　张	19.25
字　　数	220 千
版　　次	2024 年 5 月第 1 版
印　　次	2024 年 10 月第 2 次印刷
书　　号	ISBN 978-7-220-13556-9
定　　价	99.00 元

■版权所有·侵权必究
本书若出现印装质量问题，请与我社发行部联系调换
电话：（028）86361653

《一本博物馆 大同市博物馆》
顾问及编写委员会

总 顾 问　　王利民
主　　编　　段晓莉　曹增艳
副 主 编　　白 勇　王利霞　温 浩
编委成员　　刘思祺　王雅玲　李 航　殷莲莲
　　　　　　席翠翠　岳娜娜　李天果　崔 斌
　　　　　　刘雨欣　张云萍　杨远文　迟玉红
　　　　　　乔风清　张国柱

插画设计　　闫宇璠　罗 玉　赵 静
平面设计　　孙 博　赵海燕　翁玲玲
设计指导　　刘晓霓
诗文撰稿　　曹增艳　张富遐
统　　稿　　段晓莉　曹增艳
书　　法　　张其亮

选题策划　　北京增艳锦添企业形象策划有限公司
　　　　　　潍坊增艳企划发展有限公司
资料提供　　大同市博物馆

前言

为什么出版"一本博物馆"系列图书？我们曾经反复追问自己，试图把这个问题表述清楚。

你是否有过这样的经历？每到一个地方，因为慕名而来，也因为带着一份好奇和对文化的膜拜，一定要参观一次当地的博物馆。于是，花费一两个小时，走马观花，耳目中塞满了没有任何基础铺垫的知识，看过博物馆只能说出其中几件知名度极高的藏品。绝大多数的观众穿越千山万水，可能一生中仅有一次机会与这些承载几千年历史的古物相见，而这一次起到的作用仅仅是"有助谈资"，对博物馆里真正的宝藏，仅算瞥了一眼。

大家需要"一本博物馆"

博物馆不是普通旅游景点，其中陈列着数以万计的文物，背后藏着丰富的文化内容。如果参观博物馆前不认真准备一番，只是匆匆走过，难免像看了一堆陈旧物品的"文化邮差"。参观博物馆前预习，参观时看到文物才会与它似曾相识；参观博物馆后温习，回味给自己留下深刻印象的内容和文化脉络，如此，才算基本了解一座博物馆。

博物馆里有一锅"文化粥"

如果说，考古是人类文明的"第一现场"，那么，博物馆则是"第二现场"，从发掘转向了收藏和展示。在博物馆中，人类文明被高度浓缩，大众得以与历史直面。

美国盲人作家海伦·凯勒曾在《假如给我三天光明》一书中写到，如果拥有三天光明，她会选择一天去博物馆："这一天，我将向过去和现在的世界匆忙瞥一眼。我想看看人类进步的奇观，那变化无穷的万古千年，这么多的年代，怎么能被压缩成一天呢？当然是通过博物馆。"

博物馆有多种类型：综合的、历史的、自然的、艺术的、科技的、特殊类型的，等等。博物馆里有百科，是一锅熬了千百年、包罗万象并经过系统整理、直观呈现人类文明的"文化粥"。

文物是眼见为实的历史

文物是眼见为实的历史，即使是学者们对此解读有争议。但不可否认的是，通过文物我们便更能了解历史的原貌，这是对历史的尊重。

文物是形象化的记忆

事物容易被记住往往首先是因为它有趣的形式。千言万语不及一张图。有学者推算，我们一般人"记忆中的语言信息量和形象信息量的比率为1∶1000"。文物正是因其有趣的形式、直观的形象，比文字记录更让人印象深刻。

文化是民族的血脉和灵魂

文化是民族的血脉和灵魂。一个国家、一个民族、一个家族、一个人的自信不仅缘于有多少财富、多大权力，还缘于其深厚的文化底蕴。好比我们以自己的家世为荣，有一天，拿着母亲的照片对别人说："这是我母亲年轻的时候，她也曾经风华绝代呢。"

如上缘由，博物馆专家团队与北京增艳锦添公司，联合出版"一本博物馆"系列丛书，根据每个博物馆展览陈列的线索，尽可能多地选取每个展厅中的文物，将翔实的内容、严谨的知识用通俗的语言表达出来，以有趣的形式呈现。我们的目的只有一个：大家拿着"一本博物馆"，走进一座博物馆，爱上连绵不断的中华五千年文明。

序

大同是中国九大古都之一，所谓"十万年长河名城史，三朝代京华古都篇"，历史悠久，文化底蕴深厚。作为展示城市文化的窗口，大同市博物馆以主题鲜明、内容丰富的展览和创意独到、高端大气的展陈设计吸引了越来越多的游客争相拜谒参访。

1959年，大同市博物馆正式对外开放，历经60余年风雨兼程，在一代又一代人的拼搏奋斗与辛勤耕耘下，形成了现今"一座总馆+九座分馆"的发展格局。总馆以基本陈列"沧桑代地""魏都平城""辽金西京""明清重镇"和专题陈列"梵语清音""大同恐龙"勾勒出大同清晰的历史韵脉，讲述着古都大同一个又一个厚重的融合故事。九座分馆：平城记忆馆、梁思成纪念馆、明堂遗址博物馆、北朝博物馆、魁星文化博物馆、辽金元民族融合博物馆、大同红色记忆馆、古代铜造艺术博物馆、魏碑书法家张霭堂故居纪念馆等分馆散布于城区各处，以不同主题、不同形式描绘出大同色彩斑斓的历史文化长卷。"一座总馆+九座分馆"献给游客的除了丰富的历史文物与独具匠心的展陈设计外还有许多，更多的是通过风格迥异的文化空间为游客提供不同类别的文化休闲广场，整体呈现给游客的是博物馆文化、城市文化与旅游休闲相结合的舒适体验与参观感受，因此集文化、休闲、旅游于一体的大同市博物馆成为人们旅游"打卡目的地"，受到了来自四方宾朋的热情追捧。

随着文博游成为一种潮流与时尚，去博物馆饱览文物真迹、享受文化盛宴，正在被越来越多的人列为出游计划中的必选项。大同市博物馆作为国家一级博物馆近年来游客接待量逐年攀升，2018年接待国内外游客178.6万人次，2019年为195.3万人次，到2023年游客接待量持续走高，截至2023年10月末，共接待游客240.8万人次，成为人们选择公共文化服务的热点场所和旅游休闲的必游景区。为此我们强化了展览内容、展陈设计的观赏效果，提升了文化服务、文创产品的服务理念，加强了博物馆教育与服务深度融合的发展观念，让喜爱博物馆的游客走进大同市博物馆，感知文化名城的魅力，体验塞上古都的时尚，领悟千年融合的累累硕果，也让渴望打卡大同市博物馆的"你"，能有更温暖、更舒适、更直观的参观体验。

  文化弦歌不辍，文脉绵延不绝。为了让游客更好地熟知大同历史，了解古都文化，我们与北京增艳锦添公司联合打造《一本博物馆·大同市博物馆》，本书有别于专业与晦涩的考古报告、学术论文，也不同于全面与细致的展览大纲，但又恰到好处地运用了考古材料与展陈信息，以充满文学色彩的解读方式、以图文并茂的排版设计娓娓讲述大同曾经的故事，记录刻在文物上的悠悠历史。

大同市博物馆馆长

2023年10月28日

目录

了解大同市博物馆
大同市博物馆平面示意图 /002
大同市博物馆简介 /004

沧桑代地

第一单元　文明序曲
长身锐尖尖状器 /011
石球 /012
刮削器 /013
盘羊角 /014
亚腰形石斧 /015
石锛 /016
红陶豆 /016
石镰 /017
石刀 /018
石磬 /019

第二单元　狄代方国
狄代遗风
石锄 /021
蟠虺纹青铜鼎 /022
蟠虺纹青铜豆 /023
绿松石串珠 /024

李峪青铜
青铜牺尊（仿制品）/025

襄子挥戈
青铜圆茎剑 /026
青铜箭镞 /027

第三单元　战国兴城

兴郡立县
灰陶罐 /029
动物纹瓦当 /030
植物纹瓦当 /031
绳索蟠螭纹青铜壶 /032
战国绹索纹青铜豆 /033
玛瑙环／玉环 034
青铜带钩 /034
山字镜 /035
青铜璜（5件）/036
明刀币 /036
蔺尖足布 /037

武灵拓疆
青铜马子戈 /038

第四单元　秦汉烽火

巩固建设
平城瓦当 /040
西汉青铜嵌贝龟镇 /041
彩绘青铜盘 /042
四神铜炉 /043
铜温酒樽 /044
西汉青铜熏炉 /045
铜铺首 /046
铜兽饰件 /047
汉代连枝灯 /048
陶屋模型 /049

汉代博山炉 /050
乳钉纹规矩镜 /051
日光铭文镜 /051

北伐与和亲
青铜剑 /052
青铜弩机 /053

魏都平城

第一单元　盛乐时代
鲜卑三鹿纹铜饰牌（复制）/057

第二单元　京都平城
平城建筑模型
兽面瓦当／人面纹半瓦当 /060
磨光板瓦 /061
莲花铺地砖 /062
瑞兽莲花纹地砖 /062
莲花纹橡当 /063
莲瓣纹铺首衔环 /064
鎏金铜铺首衔环 /065
力士龙纹鎏金铜铺首衔环 /065

目录　003

第三单元 中西交流

崇佛造像
石雕屋形龛 /092
石雕二佛并坐龛 /093

石雕艺术
石雕武士像 /094
石雕供养龛 /095

太和新政
司马金龙墓表 /067
漆屏风画 /069
司马金龙墓石棺床 /070
蟠龙莲花石雕帐座 /073
石雕帐座 /074
北魏司马金龙墓出行俑群 /076
釉陶骑马武士俑 /078
釉陶甲骑具装俑 /079
釉陶仪仗俑 /080
釉陶仪卫俑 /081
泥塑菩萨飞天头像 /082
釉陶推磨俑 /083
釉陶踏碓俑 /084
釉陶烧灶俑 /085
釉陶井旁俑 /086
陶仓及劳作俑 /087
釉陶马 /088
釉陶骆驼 /088
虎头石门墩 /089

西风东渐
伎乐杂耍俑（复制）/097
波斯银币 /098
陶狗 /100
釉陶骆驼及牵驼俑 /101
八曲银洗 /102
鎏金錾花人物纹高足银杯 /103
狩猎纹鎏金银盘 /104
鎏金錾花人物纹银碗 /105
玻璃碗 /106
深蓝色半透明玻璃瓶 /106
玻璃壶 /107

004　大同市博物馆

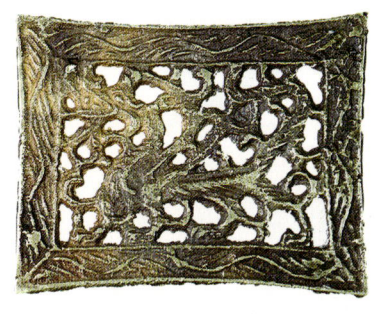

第四单元　胡风汉韵

胡服妆饰
陶女俑 /110
彩绘陶女舞俑 /111
嵌宝石人面龙纹金耳饰 /112
嵌宝石金耳坠 /113
金珠玻璃项链 /114
玛瑙串饰 /114
镂空龙纹金牌饰 /115
瑞兽纹金箔饰 /116
鎏金瑞兽纹铜带銙 /117

食肉饮酪
宴饮图壁画 /118

居室生活
灯座表现图 /119
尉迟定州墓石椁 /120
彩绘方形陶毡帐 /121
彩绘穹庐顶陶毡帐 /122
彩绘陶灯 /122
陶多枝灯 /123
釉陶尊 /124

青瓷唾盂 /125
盘口莲瓣纹釉陶罐 /125
石雕方砚（复制）/126

车辇乘舆
彩绘陶牛车 /127
彩绘陶两驾轺车 /128
彩绘陶马 /129
漆屏风画车辇图 /130

游猎遗俗

平城魏碑
嘎仙洞祝文刻石 /132
曹天度造九层石塔题记 /133
漆屏风画榜题（局部）/134
韩弩真妻王亿变墓碑 /135
申洪之墓铭 /136
吉语瓦当 /137

北朝文苑

目录　005

第五单元　墓葬习俗

釉陶镇墓兽 /140
彩绘陶人面镇墓兽 /141
彩绘镇墓兽 /142
彩绘镇墓武士俑 /143
宋绍祖墓俑群 /144

第六单元　恒州故都

北魏银耳杯 /148
陶辟雍砚 /149

辽金西京

第一单元　唐代云州

鎏金錾花银花口碗 /153
石雕力士像 /154
海兽葡萄纹铜镜 /155
花鸟纹菱花铜镜 /156
三彩执壶 /157

第二单元　西京遗构

辽金元大同城

宗教建筑遗构
大雄宝殿（模型）/160
普贤阁（模型）161
应县释迦木塔（模型）/162
琉璃狲 /163
琉璃螭吻 /164

兴云桥构件
御河铁兽 /166

第三单元　边地风情
春水秋山
镂雕秋山玉件 /168

炊烟袅袅
双耳铁釜 /169
双狮纹银盘 /170
曲沿牡丹纹铅锡合金盆 /170

茶酒飘香
油滴釉茶盏/油滴釉碗 /172
龙形柄铜壶 /173
白釉瓜棱瓷温酒壶 /174
白釉长颈瓷瓶 /174
白釉提梁瓷壶 /175

黑釉划花梅瓶 /176
白釉刻花瓷梅瓶 /177

家居逸乐
木影屏（复制）/178
木椅（复制）/179
木榻（复制）/180
黄绿釉陶烛台 /181

梳妆溢彩
八曲菱花形龙纹铜镜 /182
金双鱼纹铜镜 /183
牡丹花纹金头饰 /184
双龙花卉纹金钗 /185

第四单元　宗教大观（风物）
佛教重镇
释迦牟尼佛铜坐像 /187
法轮式鎏金铜文殊坐像佩件 /188
石雕高僧坐像 /189

第五单元　丧葬习俗
随葬器具
魂瓶 / 彩绘贴塑魂塔 / 魂罐 /203

壁彩丹青
许从赟墓拨灯侍女图（局部）/205
许丛赟墓仕女图 /206
侍酒散乐图和吉祥图 /208
残佛像帛画 /211

陶塑罗汉坐像 /190
石雕信士夫妇像 /191
蜻蜓形金头饰 /192
蝴蝶形嵌宝石金头饰 /193
飞天形金头饰 /194
葵花形嵌宝石金佩饰 /195
金耳坠（一对）/195

道教盛传
石雕双兽耳香炉 /196
阎德源骨印章（五枚）/197
料珠 /198
缠枝花卉纹大铜镜 /198
豆青釉里红片裂纹瓷碟 /199
"香花供养"酱釉瓷罐 /199
石雕双耳龙纹香炉 /200

明清重镇

第一单元　九边重镇

大同镇长城
铁炮 / 炮车 /216
瓷雷 /217
火铳 /217

第二单元　大同宏府

大同府城
琉璃龙纹筒瓦 /219
琉璃鸱吻 /220

衙署街巷
琉璃题额 /221

第三单元　明清商贸

边境贸易
大车 /223

百业兴盛
铁拐李铜像 /224
大清银行兑换券（1911年试色样票）/225

第四单元　塞北人家

民生百态
狮钮铜熏炉 /227
螺钿木影屏 /229

家具陈设
硬木太师椅 /230

裙钗环佩
镀金银发冠 /231
铜鎏金点翠蝉纹发钗 /232
铜鎏金点翠花蝶纹结子 /233

目录　009

专题陈列
梵语清音

海会遗珍

十八罗汉
泥塑骑象罗汉坐像 /237

关帝庙窖藏
真武大帝坐像 /238

民间造像
绿度母铜坐像 /239

专题陈列
大同恐龙

第一单元　恐龙进化
恐龙

第二单元　大同恐龙

大同北郊区恐龙化石
跃龙脊椎化石 /245

左云县恐龙化石
蜥脚类龙化石 /246

大同地区的古植物
硅化木 /247
鳞木化石 /247

天镇恐龙
天镇甲龙复原骨架 /249

第三单元　恐龙灭绝

小行星撞击说

气候变迁说

大陆漂移说

物种争斗说

地磁变化说

被子植物中毒说

酸雨说

大同恐龙地理分布

共襄大同

梁思成纪念馆

平城记忆馆

明堂遗址博物馆

魁星文化博物馆

北朝博物馆

辽金元民族融合博物馆

大同红色记忆馆

古代铜造艺术博物馆

魏碑书法家张霭堂故居纪念馆

生字词注音释义/278

目录　011

大同市博物館
DATONG MUSEUM

了解大同市博物馆

筹建时间：**1958年**
地理位置：**山西省大同市平城区太和路506号**
建筑面积：**32821平方米**
常设展览：**沧桑代地、魏都平城、辽金西京、明清重镇、梵语清音、大同恐龙**
藏品数量：**17万余件（套）**
藏品特色：**北方少数民族文化、边陲重镇文化、宗教文化；北魏、辽、金三代的精品文物**

大同市博物馆
平面示意图

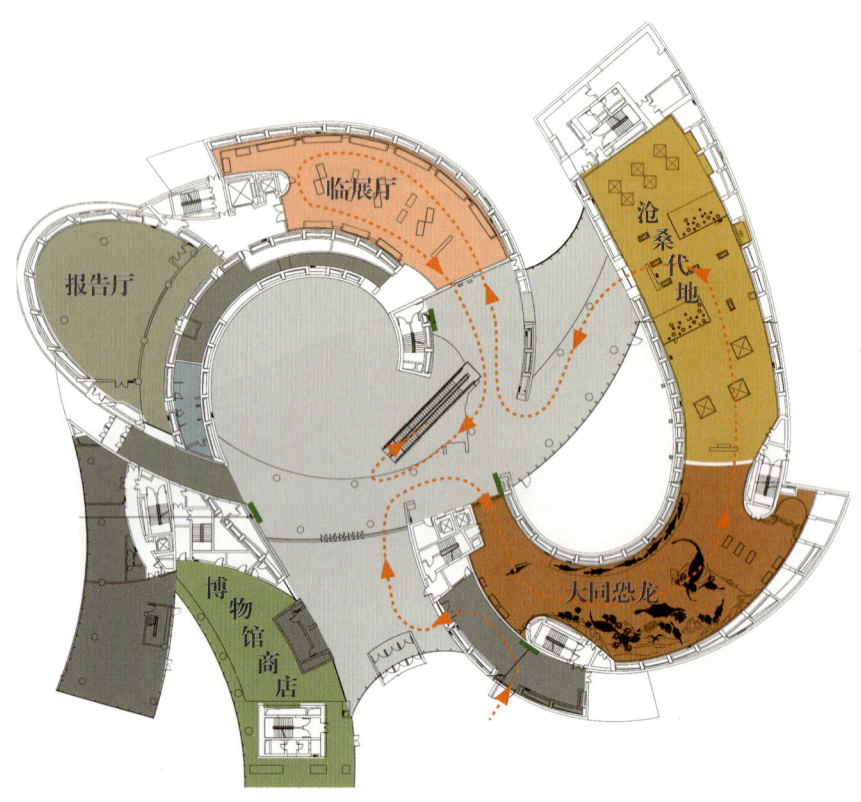

一楼平面图

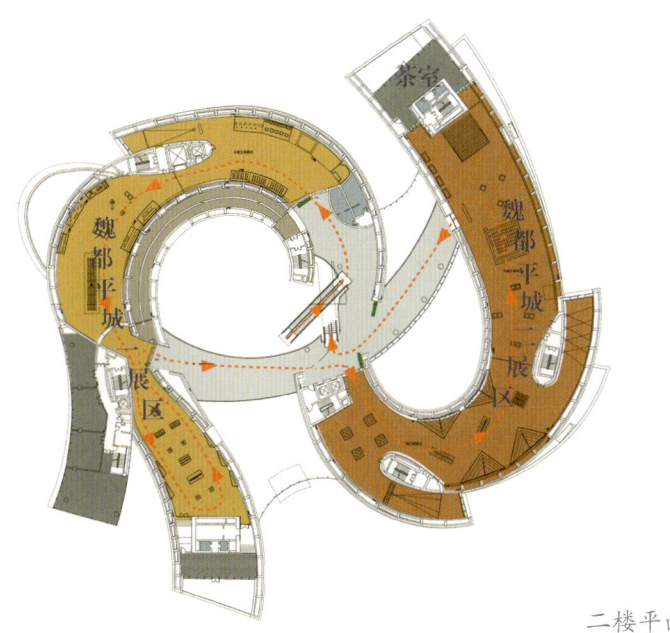

二楼平面图

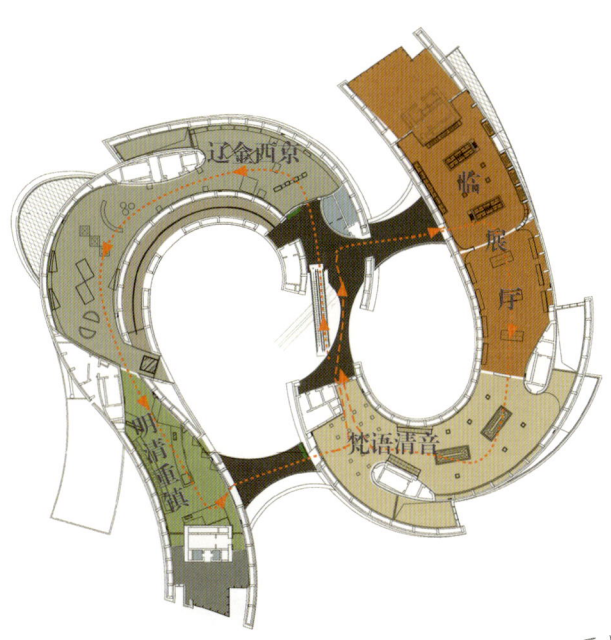

三楼平面图

了解大同市博物馆　003

大同市
博物馆简介

历史沿革

1958年，大同市博物馆筹建。

1959年，大同市博物馆开放，初名"大同市文物陈列馆"，是在原大同古迹保管所和大同市文物陈列馆的基础上发展起来的。

1963年，改名为"大同市博物馆"，馆址最初设立在驰名中外的辽代古刹下华严寺内。是负责全市国有文物收藏、保管、陈列的专门机构。

1989年，在西门外繁华区，展览馆开辟了大同市博物馆二部。

2006年，在大同市委、市政府实施"三馆（图书馆、展览馆、博物馆）改造工程"后方迁入新址。

2009年1月16日，迁址于红旗广场的新馆并免费开放。

2010年5月18日，大同市博物馆御东新馆正式破土动工。

2015年1月1日，御东新馆正式对外开放。

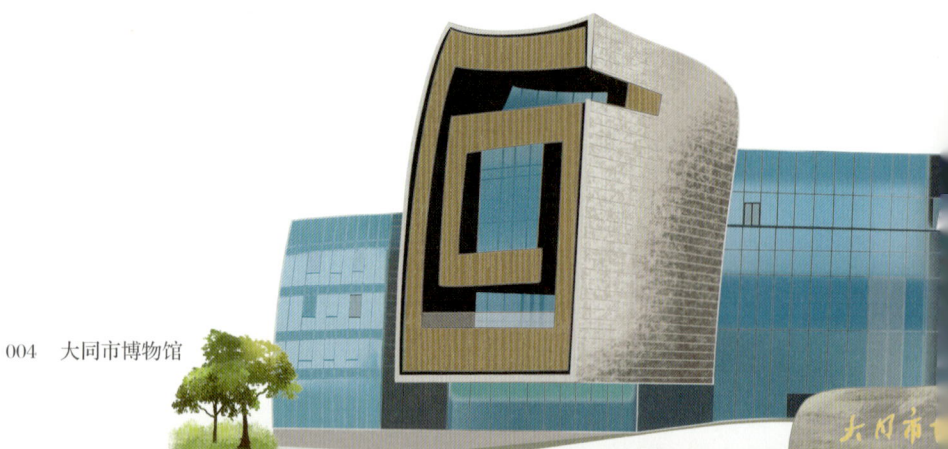

概　况

　　大同市博物馆是一座综合性地志博物馆，现为国家一级博物馆。现馆址为平城区太和路506号，占地面积51556平方米，建筑面积32821平方米，是晋北地区最大的博物馆，其建筑外观汲（jí）取火山、龙壁和云冈石窟等自然人文元素，凝结成相互盘旋的双"S"造型，宛如行将腾飞的巨龙，也寓意胡汉交融。

　　现有馆藏文物17万余件，其中珍贵文物3千余件。藏品以彰显北方少数民族文化、边陲重镇文化、宗教文化特征而著称，集中表现大同地域的融合基因，特别是北魏、辽、金三代的精品文物，享有盛誉。

　　目前，大同市博物馆实行"总分馆制"，除总馆外，已有九座分馆对外开放，即梁思成纪念馆、平城记忆馆、明堂遗址博物馆、魁星文化博物馆、北朝博物馆、辽金元民族融合博物馆、大同红色记忆馆、古代铜造艺术博物馆、魏碑书法家张霭堂故居纪念馆。在总馆"融合"的主题引领下，不同的分馆既主题鲜明、各具特色，又互相联系、互为增补。未来，大同市博物馆还将进一步探索不同主题的展览，讲述完整的大同历史，补充未讲完的历史故事，增进民众的文化认同感，增强民众的文化自信。

主要展陈及突出特点

大同作为汉民族与少数民族的接壤地，自赵武灵王"胡服骑射"始，历北魏拓跋鲜卑定都平城，至辽金元及明清，一直是多民族融合的地方。总馆以大同历史文化的地域特色为主线，着重反映本地区民族融合的发展历程，开辟"沧桑代地""魏都平城""辽金西京""明清重镇"四个历史陈列，再现各民族共同生活、相互促进、和谐共存的生活景象，充分体现民族融合的地域文化和多元文化，以及由此带来的政治、经济、军事、文化的繁荣。

沧桑代地

今日大同，即春秋时期"代"之腹地。大同地理生态，自古可农可牧。大同居民社会，常在两大文化进退之间游移变迁。大同历史文化，总在胡汉文化之间徘徊酝酿。其形其神，亦胡亦汉，胡汉难分。唯其如此，别具风姿，精彩绝伦。

魏都平城

398年，北魏迁都平城，此后拓跋鲜卑以平城为基地近百年。平城汇聚南北文明，兼容东西精髓，商旅汇聚，贡使络绎，成为中国北方的政治文化中心和国际化大都市，是南北朝时期丝绸之路的起点，创造出奇迹般的辉煌，为古老的中华注入新鲜的血液。

辽金西京

辽会同元年（938年），后晋石敬瑭割燕云十六州给辽，大同从此划入辽的版图。重熙十三年（1044年），升云州为西京大同府，大同为辽五京之一。金承袭辽制仍设西京于此，元至元二十五年（1288年）改西京为大同路，大同作为辽金陪都近200年。

大同处于中原汉族和草原民族生活的交汇地带，既是胡汉的密集交融之地，又是中原通往西域以及与各少数民族交流的重要交通枢纽。

明清重镇

大同镇坐落在内外长城之间，是一座历史悠久的塞上古城，自古为军事重镇；城池壮丽雄伟，独具特色，有"北方锁钥"之称。

明代长城规模宏大，结构坚固。中央政府为加强其防御体系，将其沿线划分为九个防御区，分别驻有重兵，称为九边，大同为九边之首。

梵语清音

公元前五世纪，凝结着先哲智慧的佛教在印度诞生，两汉之际，东传我国。五世纪入主中原的北魏王朝以兼收并蓄的广博胸襟吸纳了这个来自异国的文明，拉开了大同作为雕塑之都的序幕——云冈石窟将雄健与辉煌凿于岩，曲回寺将虔诚与喜悦雕于石，华严寺、善化寺将庄严与雍容塑于形……工匠们一刀一锤雕凿了大同悠远、灿烂而永恒的文明。

大同恐龙

中生代时期大同地区的地貌为断陷盆地，是恐龙生息繁衍的理想场所，为我们留下了丰富的恐龙化石。不寻常华北龙是天镇恐龙动物群的代表之一，其化石也是迄今为止中国发现的亚洲最大、最完整的晚白垩纪蜥脚类恐龙化石。

了解大同市博物馆

沧桑代地

百万年前，恒岳山崛起，大同湖涸缩，沧海变桑田。于是万物生机勃发，人类文明兴起。10万年前，火山喷灰早已冷却，"许家窑人"燃起文明圣火，飞索系石球，渔猎在湖滨。岁月悠悠，其后裔足迹踏遍这片群山包围的福地，在桑干河两岸繁衍进化。

斯土斯民，初见文献于春秋，被称为"代"。此时，"戎狄（dí）"之代国已与晋国赵氏联姻，故其历史应当更为久远。自兹而后，赵襄子越夏屋灭代国，赵武灵王"胡服骑射"置代郡，秦朝沿为三十六郡之一。汉

高祖刘邦平城伐叛而有白登之围，拓跋鲜卑两度建国皆称大代之号。今日大同，即代地腹心区域也。

　　大同地理生态，自古可农可牧。大同居民社会，常在两大文明进退之间游移变迁。大同历史文化，总在胡汉文化之间徘徊酝酿。其形其神，亦胡亦汉，胡汉难分。唯其如此，别具风姿，精彩绝伦。

第一单元
文明序曲

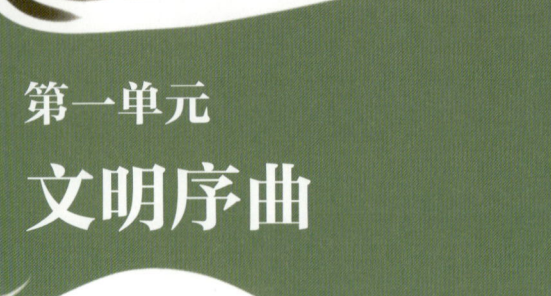

　　洪荒年代,大同盆地(包括河北阳原、蔚县等地)是面积近一万平方公里的内陆湖——大同湖,湖畔已有人类文明发生。到大约三万年前,大同湖萎缩殆尽,桑干河形成。大同历史的文明序曲,即发生和演绎于"大同湖"至"桑干河"的沧桑岁月。大同最古老的文明源自十万年前的"许家窑人"。他们在湖滨打制石刀石球,渔猎繁衍,其后扩散至沿湖各地,时为旧石器时代。距今一万年前,人类新石器时代(磨制石器和发明陶器)来临。大同湖彻底干涸,桑干河流域到处都有我们祖先活动的身影。定居渔猎和原始农业是他们生存与生产的方式。

长身锐尖尖状器

旧石器时代早期
宽2.6cm　厚0.7cm
山西大同青磁窑遗址出土

　　旧石器时代的时间约从300万年前开始，延续至距今一万年左右。这时，人类的生产活动受到自然条件的限制，以使用打制石器为标志。

　　尖状器，是挖掘根茎类植物的工具。加工材料来自厚石片、石核和石块。

　　这件尖状器，属于石英岩、长身锐尖的样式。锐角两边长短不一、形状不规则、尖角较钝。

　　青磁窑的石片石器，以刮削器最多，尖状器和砍砸器较少，在制作上，大多采用了单面加工和锤击法，石器加工偏于粗糙，石器的使用痕迹也不明显。

打制尖石多采集

沧桑代地　011

飞石远掷袭猛兽

石球

旧石器时代中期
直径10.8cm
山西大同阳高县许家窑遗址出土

　　石球，是许家窑的特色狩猎用石器。制作过程是：先选取合适的砾石，粗略打造成球形；继续翻转打击去棱去角，做成毛坯；两个毛坯对敲，进一步消除凹凸直到细致光滑，形成满意的石球。
　　使用方法有三：其一是直接投掷。这需要较为粗大的石球。其二是借助绊兽索。一根长木，一端系绳索，一端拴石球，向野兽投射出去，以便击打猎物或绊住猎物。其三是借助飞石索。体量中小的石球，适合做成飞石索——用绳索绑缚，发力抡圆投掷出去，击打猎物。飞石索又有单股、双股、三股的分类。

歪尾石片可刮削

刮削器

旧石器时代晚期末

长 3～6.5cm　宽 1～2.2cm

山西朔州怀仁鹅毛口瓜地沟遗址出土

  刮削器，是一种切割和刮削的工具。加工材料多来自厚石片，少数来自石块。外形分为方形、圆形、长条形三类。刮削器，在中国旧石器时代至新石器时代分布广泛，使用时间长。

  这几件刮削器，都属于长条形的样式。一般打制出了一个到两个刃，凸刃，刃面比较清晰，在石面上有齐平的棱角界面，刃的边缘呈弧形，握持的一端保留了粗糙的砾石天然面，便于手握。

  鹅毛口，是华北地区最大的一处古石器制造场遗址，比西安半坡、仰韶文化遗址还早，距今近万年。鹅毛口文化以"歪尾石片"为显著的特征。歪尾石片，都有一长尾，向一侧倾斜。遗址里的许多大型石器，是用歪尾石片加工而成。

沧桑代地

长角旋盘显雄威

盘羊角

更新世中晚期
左右长56cm　前后长15cm　高26cm
大同市博物馆藏

  此件盘羊角，是长角动物盘羊的角的化石。所见为盘羊角的角心，从角心的形状和大小可以判断盘羊的种属。盘羊的化石种和现代种差别不大。

  盘羊，俗称大角羊、盘角羊，是国家二级保护动物，目前主要分布于新疆、青海、甘肃、内蒙古等地区。盘羊无论雄雌都长角，可以抵御强敌。雄性盘羊的角很粗大，最长可达150cm左右，螺旋生长，尖部锋利，除了防御，也是求偶的工具，是盘羊地位的象征。

  盘羊角在大同的出土，证明了早在更新世中晚期，盘羊已经在大同生活繁衍。

亚腰形石斧

新石器时代
长17cm　宽11cm
山西大同高山镇遗址出土

　　距今一万年前的新石器时代，出现了比打制石器更为精致的磨制石器，比如这件石斧。石斧的功能以砍挖为主，用于开垦土地、砍伐树木、加工食物等，在新石器时代遗存中多有发现。

　　亚腰形，是大同地区比较有特色的石斧器形。两头较宽、中间凹进，略呈腰形。

　　这件亚腰形石斧形体粗大，略呈扁平体，未经修整，整体做工比较简单粗糙。一端圆弧，另一端不规整，这种形状更方便持拿或者制作复合工具。

石斧亚腰开鸿蒙

云冈石锛多功用

石锛

新石器时代

长11cm　宽4cm

山西大同云冈南梁遗址出土

石锛（bēn）是一种磨制石器，长方形，单面有刃，状似如今的锄头，是新石器时代和青铜时代主要的生产工具。它的器型与安装木柄的形式多种多样，并非只是单一的工具，而是复合型工具，可以砍伐、刨土，也可以用来分割猎物上的皮肉，甚至可以应用于木作和建筑等。

无柄有柄豆多型

红陶豆

新石器时代

口径22cm　底径10cm　高21cm

山西大同广灵县出土

豆为盛放食物的容器，产生于新石器早期，是从无柄的容器发展演变而来的，因此早期的豆又被称为钵（bō）形豆、碟形豆、盘形豆、盆形豆或者罐形豆。后来，古人为了握持时更方便、隔热，便在器物上加装柄，是古人智慧的一种体现。

此豆泥质红陶，素面，喇叭形圈足，深腹，腹部由直壁和圜（huán）底部分组成。

壮汉弯腰挥石镰

石镰

新石器时代

长14.5cm 宽4.3cm

山西大同阳高县北曹庄遗址出土

在新石器时代的黄河流域，粮食主要是粟（sù），人们使用石镰收割，使用的时候在镰身后部捆绑竖柄，像后世的镰刀割草、割麦子一样。

石镰呈半弧形，单面刃，经过琢制和磨光制成棱角分明、锋刃锐利的工具。石镰约在7000年以前出现，是古代先民收割庄稼的农具，在新石器时代已经大量使用。商代虽然已经进入青铜时代，并且出现了青铜制作的工具，但是数量有限，为了满足生产需求，古人依旧使用石镰收割庄稼。

沧桑代地 017

柴门寂寂黍饭香

石刀

新石器时代
长约12cm　宽6cm
山西大同广灵县出土

　　这件石刀具有较明显的新石器时代特点。整体呈长方形，形体扁平。刀刃从两面精细研磨而成，有明显使用痕迹；刀身有三个孔洞，也是从两面对钻而成；两角磨制成弧形，制作比较规整。

　　这种钻孔的长方形石刀，大多用作原始农业生产中的收割农具。钻孔石刀的孔洞穿入绳索，此类型石刀也称作"系绳石刀"。用皮条或是细绳从孔洞穿过，形成环套，使用时将手指放入绳内握刀，这样便增加了石刀在使用过程中的稳定性。它们在收割粟（sù）、黍（shǔ）、稻等谷物的劳作中发挥重要作用。

磬音声声穿林响

石磬（qìng）

新石器时代

长约140cm　宽40cm　高7cm

大同市博物馆藏

　　磬，是中国古代特有的一种打击乐器，古人认为其声清脆悠扬可以通神达天，又称"天籁"。

　　这件石磬磬体呈不规则多边形，用青灰色角岩大石片精细琢磨、打制成形，折顶，底缘相对较平，折顶处有一个由两面对钻而成的悬孔。器体厚薄不均，两面凹凸不平，但磨光度甚高。

　　此石磬为新石器晚期乐器，是目前我国发现的年代最久远的石磬之一。器型硕大，音响清越，造型极富特征，堪称"重器"。这种可单独悬挂的磬，也称"特磬"。它的发现为研究中国古代器乐及礼乐制度都提供了珍贵的实物资料。

沧桑代地　019

第二单元
狄代方国

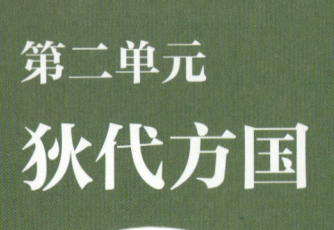

商周时期，北方及大同被泛称为"狄（dí）"。春秋时，有了"赤狄""白狄"和"长狄"之分。春秋晚期见于文献典籍的代国，即"白狄"所建，据有今大同盆地及张家口部分地区，代王城在今河北蔚（yù）县。此时，代国与晋国已有深度交流。

史载，赵简子曾将"宝符"藏于恒山，令众子寻找，唯赵襄子得其取"代"之意；又将其女嫁与代王，是"和亲"抑或"美人计"不得而知。公元前475年，赵襄子带兵越过夏屋山，击杀代王，占据代地。从此，大同地区归属于中原政治文化版图之中。

狄代遗风

目前的商周时期遗物，不仅出自御河边的大同南郊花园屯乡、桑干河边的许堡乡，而且见于代国中心的广灵县、浑源县。从普通的石制工具到精美的青铜礼器，从随手制作的朴素简陋的蚌（bàng）壳镰刀到雍容华贵的绿松石项链，无不显示了这块土地上居民生活的安宁与富足。

翻土锄食四季丰

石锄

商周

宽28cm　高18cm

山西大同南郊区花园屯乡采集

　　石锄是远古时代一种横斫（zhuó）式的石质翻土工具，形式多样，一般比石斧扁薄，比石铲稍厚。石锄是农业生产中用来翻土垦耕的主要工具，它的使用证明当时已进入农耕文明时期。作为一种农业生产工具，石锄使用时间长达几千年之久，进入青铜器时代后，数量逐渐减少，最终被铁器所取代。

　　这件石锄整体呈青灰色，左右对称，造型规整优美，轮廓清晰，形体扁薄短宽，上半部凸出部分雕琢有长方体孔，可安装柄，下半部打制成锐状刃部，刃部有明显的使用痕迹。

沧桑代地　021

蜿蜒华美春秋盛

蟠虺（pán huǐ）纹青铜鼎

春秋

口径18.6cm 高21.5cm

山西大同浑源县李峪村出土

青铜鼎是由红铜和锡等金属铸造而成的一种炊器，用以烹煮肉和盛贮肉类，被后世认为是所有青铜器中最能代表至高无上权力的器物。

这件蟠虺纹青铜鼎从外形上看，圆口、附耳、深腹、圆底，三足为马蹄形。耳内外、口下及腹部各饰一周蟠虺纹，整件器形浑厚凝重，纹饰纤细。外壳青绿和暗红色锈斑尽显沧桑古朴，入土千年难掩其光泽，形式典雅自然。

蟠虺纹，中国青铜器主纹饰之一，又称"蛇纹"。以许多密集蜿蜒而风格化的小蛇（虺）形图案不断重复组合而成，大面积覆盖于器身上时，能够营造出华美的效果。纹饰有的做二方连续排列，有的为四方连续排列。这种纹饰多盛行于春秋战国时期。

豆偶陈设祭神灵

蟠虺纹青铜豆

春秋

口径16.2cm 残高18.1cm

山西大同浑源县李峪村出土

青铜豆是古代盛肉酱、调味品或黍稷（shǔ jì）之类的盛食器。在祭祀场合，豆还是礼器之一，是向神灵供献食品的最后一道器具。作为礼器，豆常以偶数出现，有"鼎俎（zǔ）奇而笾（biān）豆偶"之说。

从整体来看，此豆器盘扁圆。子母口，圆鼓腹，圆环作耳，短细柄，两侧侈张成盘形圆足。盖中央置圆形捉手，捉手中空。盖面、上腹部均饰有蟠虺纹，纹饰细致繁密。

此豆不但造型规整精美，而且纹饰生动细腻，清新脱俗，使用等级较高，工艺上采用印模压制技术，具有明显的春秋时期豆的风格，极具鉴赏价值。

沧桑代地

东方绿宝映桃颜

绿松石串珠

春秋

长20cm

山西大同浑源县出土

　　绿松石素有"东方绿宝"之美誉，因外形酷似碧绿色的松果而得名，为"四大名玉"之一。绿松石是铜和铝的磷酸盐矿物集合体，在液态浸流沉淀生成的过程中颜色从蓝、绿色到浅绿、浅黄色，蓝色的为贵重首饰石品种。

　　这件绿松石串珠为颈饰，由41粒大小不等的绿松石珠组合而成。每粒呈长方体，打磨成扁圆状，色泽雅致，呈翠绿色；松石质地细腻、柔和、油润，硬度适中。

李峪青铜

1923年，在浑源县李峪村发现大量东周青铜器，轰动海内外。已知下落的完整器约40件，除11件保存在上海博物馆外，其余大部分流落海外。时代主要为春秋晚期，当属代国墓葬遗物，有晋、燕以及北方草原文化因子，是我国北方东周时期的重要考古发现。

牺尊将将存佳酿

青铜牺尊（仿制品）

春秋晚期

高31cm　长55cm

山西大同浑源县李峪村出土，原物藏上海博物馆

中国是农业大国，农耕文化渊源深厚。古代以牛、羊、豕（shǐ）为祭祀时用的牲口，把这种动物造型的酒器称为牺尊，牛形的使用规格为最高。《诗经·鲁颂·闷宫》有"白牡骍（xīng）刚，牺尊将将"的句子。

此牺尊因出土于山西浑源县，因此，也称"浑源牺尊"，铸造于春秋晚期的晋国。这是一件温酒器，牛腹中空，牛颈和背脊上有三个孔，中间孔套有一个锅形器，可以取出。牛背上的锅形盛酒，腹中注水用来温酒。

牺尊牛目圆睁，炯炯有神；两耳竖起，牛角大且内弯，显得强劲有力；四肢短粗而强壮，其面部及姿态表现得活灵活现；牛鼻穿一圆环，环上刻有细纹，鼻梁两端各有一条栩栩如生的蛇面纹，状如腾云驾雾；牛身还有龙蛇纹，其颈部和锅形器上铸有老虎、犀牛动物浮雕，全身由14个兽面纹纹饰组成。其造型独特，工艺精美，是文化与艺术相融合的珍品。

襄子挥戈

春秋晚期，晋国赵简子对北部白狄（dí）所建立的代国觊觎已久，并与其联姻。其子赵襄子设计谋害代王，带兵越过夏屋山占据了代地，封其侄赵周为代成君。代地成为后来赵国北部要地。

青锋挥舞定山河

青铜圆茎剑

春秋

残长38cm

大同市博物馆藏

青铜剑主要由剑身和剑茎两部分组成。这一把青铜圆茎剑的剑身宽长厚重，中央起脊，纵贯尖锋。剑茎即剑的把手，一般为圆柱形，茎中部铸有两道"箍"，作用是在拼杀时防脱手，而剑茎外端防滑脱的剑首或残缺。

青铜圆茎剑在商周时期较为常见，一般由铜、锡合金冶炼制作而成。

当年锐气穿金甲

青铜箭镞

春秋

长3.3cm

山西朔州右玉县古城出土

  箭被称为冷兵器时代的百兵之首、战争之王。这些春秋时期的青铜箭镞尖部多呈三棱形,磨制锋利,形状各一,推测出土于大同西北部右玉古城的古代战场。箭镞从最初的两刃中间起脊发展成三棱形,是一个进步。三棱形箭镞在射出后受风的影响更小,偏离目标的可能性大大降低。当时的箭镞是装在竹木制成的箭杆上的,竹木已腐朽,而箭镞保留了下来。

第三单元
战国兴城

战国早期，赵襄子立其兄伯鲁之孙赵浣为太子，赵浣继位后为献侯。公元前411年，赵献侯在今大同县境兴建平邑，此为大同建城之始。其子赵烈侯即位初，常居代地。再后，赵武灵王"胡服骑射"，破楼烦、林胡，开疆扩土，在原代地东部设置代郡，西部扩增雁门郡和云中郡。今大同地区古属代郡和雁门郡，始终是赵国的北疆重地，也是中原农耕和北方游牧两大文明交流融合地带的桥头堡。

兴郡立县

公元前411年，赵献侯在代国旧地建平邑城，这是代地除代王城之外的又一座新城。赵武灵王设代郡、雁门郡之后，赵国北部疆域日益扩大和巩固，又兴建了很多县城、邑城，如平城、平阴、高柳、延陵、平舒等。《战国策·秦策·张仪说秦王》记载"代三十六县"。

大同操场城出土的战国"成迕（wǔ）"铜印、素面纹和动植物纹瓦当，以及附近御河东出土的铜盘、山字铜镜，是代表大同城区最早城建史的实物资料。广灵的陶豆、陶壶，浑源、广灵的青铜壶，阳高的战国布币窖藏，无不展示着战国时期代地作为赵国北部重地与中原政权的密切联系。

灰陶朴罐泥中来

灰陶罐

战国

口径8cm　底径11cm　高27cm

山西大同广灵县出土

　　灰陶罐，呈鼓形，为盛装器具，用泥质灰陶制作而成，其上有六圈弦纹，装饰以竖向或斜向的繁密的、粗细不均的绳纹，造型古朴，装饰简约。

　　绳纹是古代陶器上的一种原始纹样，是在陶拍上缠上草、藤之类的绳子，在坯体上拍印而成的，有纵横交错或分段、平行等多种形式。

呦呦鹿鸣寓吉祥

动物纹瓦当

战国
直径约15.2cm
山西大同操场城二号遗址出土

此动物纹瓦当，是瓦当残件，隐约可见鹿的图案，做四蹄奔跑，转头回望状。从鹿在瓦当的比例和位置看，还有较大空间可做纹饰，并且鹿前面有一走兽足部纹，此瓦当应有两个以上的动物纹饰。

战国时代，动物纹瓦当除了有单个动物的图纹，也不乏多个动物的组合，如子母鹿、虎雁、双獾（huān）、鹿蟾犬雁等。图纹一般有吉祥寓意。如鹿同"禄"，獾同"欢"，羊同"祥"，鱼同"余"，人们用谐音表达了自己的美好向往。

瓦上时见常青树

植物纹瓦当

战国

直径约17cm

山西大同操场城二号遗址出土

　　战国时代的植物纹瓦当残件，树木纹图案，对称整齐，更加抽象化、符号化、装饰化。

　　在春秋时代，偏重写实的树木纹、花草纹较多。到了战国时代，植物纹走向符号化，讲求简单和象征意味。战国晚期，植物纹以小体量的树叶纹、草木纹和云纹等结合使用，树和屋、草叶和动物的组合图纹成了主流。

蟠螭相望嗅花香

绳索蟠螭（pán chī）纹青铜壶

战国

口径11cm　高30cm

山西大同灵丘县出土

此器直口、圆唇、束颈、溜肩、腹微鼓、高圈足、肩部雕铺首（pū shǒu）衔环一对，壶身饰方格网状绳索纹和蟠螭纹，网格之间，蟠螭或两两相对或交尾纠缠，对称排布，装饰感强。

绳索，为浅浮雕，绳纹凸起，造型逼真，绳纹扭曲的走向都得以表现，结扣处的细节清楚、立体感强，绳结纹路、上下包系表现细致。绳扣处的四瓣花卉，花瓣饰以凸点。

此器整体做工精湛，雕刻精细，高度写实，具有典型的北方地域特色。

人生百味豆中品

战国绹（táo）索纹青铜豆

战国

高30.5cm　腹径19cm

山西大同出土

　　此器铜制，立式，由上下两部分构成，下部为豆身主体，上部为盖。豆身为圆鼓腹，上有绹索纹（绳纹），圆环作耳，短细柄，两侧张成盘形的圆足。盖中央有圆形捉手，便于取放而不烫手。

沧桑代地

步步玉环将将鸣

玛瑙环／玉环

战国

左，直径13.5cm　右，直径14cm

山西朔州怀仁出土

　　从商代起玛瑙环就出现在中国的配饰中。战国时期，玛瑙环被赋予了更多特殊且神圣的意义，被称为"赤圭"。玉器被应用于祭祀、征战、装饰和丧葬。

　　此玛瑙环为环形，灰色、斜削状。外圈齐整锋利，略有崩残。内圈由一周打磨圆构成。沁色饱满自然，磨制规范，通体完整精美，无裂纹。

　　玉环呈环形，墨绿色，有细碎斑纹。整体呈斜削状，外沿齐整锋利，稍有残损。整体磨工细致，形制精美。

青铜带钩

战国

长5.7～5.8cm

征集

盘囊锦衣称犀比

　　带钩，也叫"犀比"，起源于西周，在战国至秦汉广为流传，是古代贵族和文人武士们系腰带用的挂钩。

　　这件带钩为青铜质，俯视像一只开屏的孔雀，身上满饰花纹，侧看亦像一只骄傲的天鹅，伸长颈，头低垂，腹部鼓起。

群山寄予世间情

山字镜

战国

直径23.4cm

山西大同东郊马家堡村西出土

　　战国时期数量最多的铜镜是山字镜，有三山、四山、五山和六山字镜，以四山字镜最多，镜面一般由主纹和地纹组成。在古代神话中，山是神灵的寄居之所。山神崇拜也是人类早期的一种自然崇拜，古人对高大伟岸、屹立不动、神秘莫测的山峰充满了敬畏之情，因此在铜镜上使用大的山字表示山图形，如同"福""寿""喜"等字一样，含有强烈的吉祥寓意。

　　汉代以后，山神信仰逐渐失去了自然崇拜的性质，山神不再是兴云作雨的主体，因而汉代以后山字镜逐渐消逝。

　　此镜为四山镜，镜背面中心是方钮，由八片树叶对称排列。装饰的"山"字呈右旋，"山"字的短竖道向内勾，呈尖角状，长竖道笔直。主纹除了"山"字纹外还排列有序地配有叶纹、云纹和水波纹，整幅镜面的图案是山与天相通，并与地相连。

六瑞礼天祭四方

青铜璜（5件）

战国

弧长13.7cm

山西朔州怀仁出土

在新石器时代，玉璜一般是佩戴于胸颈部的装饰品，具有象征身份地位的作用。到了商周时期，璜成为重要的礼器。玉璜与玉琮、玉璧、玉圭、玉璋、玉琥等总称为"六瑞"，是《周礼》一书中"六器礼天地四方"的玉礼器，亦是吉祥之瑞器。

早期玉璜呈窄条形，形制未形成规范，经历数百年的发展才形成半壁形的固定形制。

青铜璜为半壁形，上有穿孔，但不是货币，故而更接近玉佩、玉璜等古代仪器。

明刀币

战国

长约10cm　宽约2.5cm

山西朔州怀仁河头乡采集

明刀币是战国时期燕国的铸币，最早出现于战国早期晚段到战国中期

明刀铭文流通广

的前段，在战国末期之后燕国仍有铸造。因其上正面有铭文"明"字，故被称为明刀币。

此币为弧背刀身，筋线伸入刀身，可稳固刀柄和刀身之间的联系，使得整体更加牢固。它铸型的时间长、流通范围广，数量多。

赵地之币布为最

蔺（lìn）尖足布
战国
高5.6cm　足宽2.8cm
山西大同阳高县长城乡出土

蔺，古城邑，战国前期是赵国所有，后归为秦国，在今山西离石县西。光绪《永宁州志》云："赵魏之初，魏有西河之地，蔺为赵之边邑，与魏邻。后魏之西河、上郡入于秦，赵蔺、离石乃与秦邻。"

尖足布，多出土于晋北（今山西北部）一带，多为战国早期赵国铸币。币呈平首、耸肩、方裆、尖足，是青铜质地。按照上面的铸文分为"一釿（jīn）"和"半釿"二等制，被称为"平首尖足大布"和"平首尖足小布"。币文书体多变，均记地名，以"晋阳"布为最多，据考有40余种。

沧桑代地　037

武灵拓疆

赵武灵王时，实行"胡服骑射"。以代地为根据地，西拓楼烦、林胡之地，东灭中山；北击匈奴，修筑长城；向南雄视秦国。赵国数败东胡，拓展疆土（至张家口市、宣化市附近）。战国晚期，大将李牧长期驻军于长城沿线，并重创匈奴。同地区出土的青铜兵器讲述了那一段开疆拓土、烽火不断的历史。

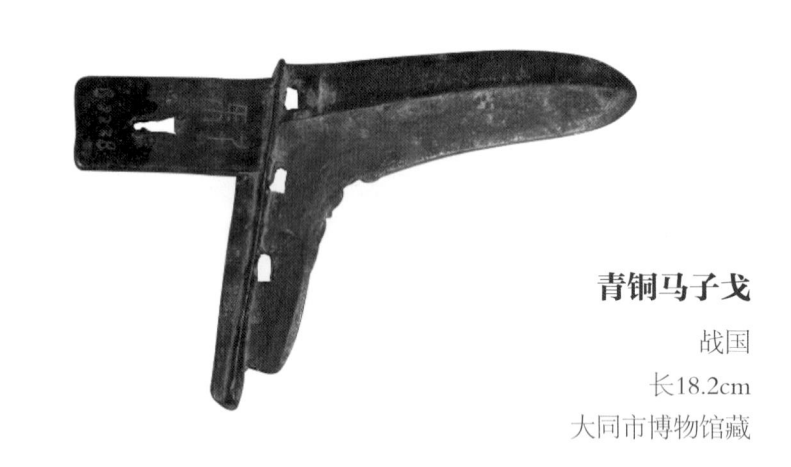

不为争战为礼仪

青铜马子戈
战国
长18.2cm
大同市博物馆藏

在中国古代，戈是作战常用的格斗兵器。造型精致的戈，也作为仪仗用的礼器。从夏朝开始，一直到周朝，戈的使用贯穿了整个青铜时代。

戈主要用于钩杀和啄（zhuó）击，它的形状类似现在的镰刀，由戈头和柄组成。戈头由青铜铸造，柄多为竹、木制作。以车战为主的战场上，双方交错机会短暂，稍纵即逝，用戈来钩啄推砍是最有效的战斗方式。直到春秋战国时期，随着铁器时代的到来，戈最终被由戈演化而来的戟（jǐ）所取代。

此件青铜马子戈的"援"呈三角形，有中脊。"胡"有三个长方形"穿"。"内"为长方形，"内"中部有一长方形"穿"，"穿"孔旁刻"马子"铭文。有较长的"阑"。

此戈的铭文"马子"，篆书，表述为何类信息不详。

第四单元
秦汉烽火

秦始皇一统中国，代和雁门沿为天下名郡，筑长城以备胡。汉初，韩王信与匈奴勾结反叛，高祖刘邦遂有白登之围，此时大同已称平城。

秦汉大同地区为边陲重地，北方匈奴常有侵扰，威胁中原。长城沿线，烽火连绵，大同常首当其冲。于是两汉政权一方面加强边郡建设，立县兴城，在马邑屯集大军，强势出击；另一方面实行"和亲"政策，分化瓦解。最终，匈奴帝国分裂，北匈奴西遁，南匈奴在汉朝的感召下，内迁定居，加入中华大家庭。

巩固建设

汉高祖六年（前201年），全国县邑建城，代、雁门二郡新出现了许多县城、邑城。平城地区在"白登之战"后，其战略地位日益受到中央政府的重视。大量县、邑城的兴建，一方面巩固了边疆的安全，另一方面进一步繁荣了当地的经济文化。

汉瓦凛凛书平城

平城瓦当

汉代

直径约16cm

山西大同操场城二号遗址出土

  此瓦当为模印制成，边轮窄而凸起，当面低凹，中央浮雕篆书"平城"二字，外饰一周凸弦纹和四组云头纹。瓦当图案简洁，设计独特，是珍贵的汉平城建筑遗构。

  文字瓦当，汉代出现后一度流行，多鸟虫篆书体；北魏平城时期，书以平城书法新体，字体兼具隶篆楷，变化多端，过渡特征明显；唐宋后，文字瓦当逐步消失。

  操场城遗址出土"平城"文字瓦当30多件，数量较多，为进一步研究汉平城县相关地理信息提供了重要的物证。

西汉青铜嵌贝龟镇

汉代
全长9cm　宽6cm　高5.8cm
山西大同浑源县毕村汉墓出土

　　魏晋以前，人们席地而坐，席子的四角，会有"镇"来压住席面，防止席子卷曲移动。

　　这一组椭圆状镇，为龟身外形。底部以青铜铸造龟的身体，龟首微昂，可见裙边和四足。虎斑的贝壳嵌入龟身。贝壳面灰白或淡黄，上有褐色或黑褐斑点。青铜有分量，压得住；贝壳有颜值，手感好，滑润光亮，适合取用，既实用，又艺术。

神龟彩贝镇四方

沧桑代地　041

龟龙戏水游沃盥

彩绘青铜盘

西汉

口径32.8cm　高6.3cm

山西大同浑源县毕村汉墓出土

　　盘，属于水器，最早可追溯到新石器时代的陶盘。作为礼器的盘，与匜（yí）组合，用于"沃盥（guàn）之礼"，以匜舀水，清洁双手，以盘接水。西周时代，贵族女性出嫁时，盘作为陪嫁，凸显身份地位。

　　此盘折沿、浅腹、平底。上绘精致的彩绘图案，口沿部分，在两道弦纹中绘贝纹一圈，腹壁绘龙、龟、鱼逐游，盘底绘蟠龙戏水，盘之外壁绘浪花。这件彩盘用色达六种之多，精巧繁复，层次分明，为同期彩画的珍品。

围坐红炉唱小词

四神铜炉

西汉

长27.7cm　高9.8cm　口径13.6cm

山西大同浑源县毕村汉墓出土

  西汉的这两件"四神铜炉"，形制相同。上有耳杯，下有炭炉，耳杯放调味品酱料汤，炭炉加热，可以涮火锅、吃肉食。古代称调味品为"染"，染杯和染炉组合成了染器。

  炉身镂空，铸有"四神"，即青龙、白虎、朱雀、玄武这四尊灵兽。"四神"形象，起源于汉代，广泛应用于漆器、瓷器、画像石、壁画等。装饰在器物上，除去驱除邪神，安镇四方，还有着成仙得道、长生长乐的吉祥寓意。"四神"是道家神仙思想的产物。

  铜炉下施方座，由四力士承托，他们屈膝发力，神情专注。一端有上弯的把手，把手面上有"开"与"⋃ β Β"记号。力士，是来自印度佛教的形象，寓意力量，象征勇猛刚毅，力大无穷，多被赋予负重的职责。

  此铜炉的设计，表现了佛道两教在西汉时期交融共存的局面。

沧桑代地　043

铜温酒樽（zūn）

西汉
酒樽，口径6.5cm　高6.5cm
耳杯，长3.5cm　宽3.2cm
山西大同浑源县毕村汉墓出土

  这一组青铜的温酒樽、耳杯，设计朴实，功能实用。双手执温酒樽衔环，易取易放。樽上加盖，便于保温。耳杯，为汉代常用饮酒器具。
  温酒樽整体为圆柱状，直沿，深直腹，三足，上腹部附衔环，盖为圆形。温酒樽旁边，还有耳杯10件，杯体椭圆形、浅腹、短边处附弧形双耳。
  青铜具有熔点低、硬度大、可塑性强、耐磨、耐腐蚀、色泽光亮等特点。所以，以青铜加工为生活器具相对简单，容易打造塑形，且坚固耐用。

举杯共饮暖如汤

西汉青铜熏炉

西汉
高8.8cm　底径7cm　把长6.7cm
山西大同浑源县毕村汉墓出土

　　熏炉，也称"香炉""熏笼"，在熏炉内焚香，可祛湿祛秽，芳香衣被，安神醒脑，营造宁静安详的气氛。
　　这件西汉青铜熏炉，三足，镂空铜盖，镂刻几何纹，盖上中空，炉身浅腹圆柱形，带有方形手柄，方便执取和移动。

熏香除秽室雅芳

怒目竖发面自威

铜铺首（pū shǒu）

汉代
宽7～8cm 高5～6cm
河北怀安出土

汉代，铺首衔环大量应用在陶瓷器、漆木器、画像石、墓门、棺椁之上。
此铺首为饕餮（tāo tiè）兽面形。兽面浮雕，宽眉鼓目，圆鼻方口，耳廓狭长，发作卷云状，额作山尖形，有神秘狰狞之感。
饕餮是传说中远古时的一种怪兽，《山海经》中说饕餮人面羊身，虎齿人爪。民间也盛传饕餮为龙生九子之一。

铜兽饰件

汉代
长9.3cm 宽6.2cm
征集

　　这件铜兽器物，整体呈镂空雕刻，应为北方游牧民族的腰部挂饰，用以驱灾辟邪、祈福护佑，兼有装饰和护身符的功用。
　　器物由一只虎和三只羊头图纹组成。图形设计上，虎似作俯卧状，虎与羊用羊角、虎尾相连，口衔、爪抓、尾缠，造型逼真，构思巧妙，表现了北方游牧民族强悍勇猛的特色。
　　汉代的饰件等器物，在设计上往往艺术性融合实用性，体现了较高的艺术之美。

强悍之族在北方

神灯长明通天宇

汉代连枝灯

汉代

口径12.5cm　底径32.5cm　高48cm

山西大同阳高县古城镇安家皂出土

　　连枝灯，是汉代墓葬中常见的随葬明器。汉代人迷恋方术、祈求长生，连枝灯符合其愿望。连枝灯长明不灭、生生不息，既有神树和神鸟通达天地、摆渡灵魂，又有羽人乘龙等，表现了升仙的理想。

　　这件连枝灯，形制华丽，赏心悦目。它由灯碗、灯柱及托盘组成。灯碗为圜（huán）底盘形，口微敛，方唇。灯柱为圆形多层，由下至上逐步减细，在灯柱上部由枝灯及龙首顶灯相间环绕，灯柱中央饰叶状装饰物。灯盘为浅盘宽平沿。在沿上相间堆塑龙顶托盘、鸟落树头、立人等塑像。错落有致，层次繁复，意象丛生。

小窗不掩华屋美

陶屋模型

汉代

长48.5cm　宽34.5cm　高53cm

山西大同阳高县古城镇安家皂出土

　　这是汉代大同地区的陶屋模型，为陶制烧造，用于墓葬明器。

　　台基上为一处平面方形的院落，方正规整。入口位于院落的一角，设斜坡踏道。门前踏步旁的平台上，家犬支起耳朵守护着庭院。

　　建筑位于院落的两侧，为重楼瓦屋，均有前后两面坡瓦顶，朝向入口。内设院落。墙面厚实严密，窗户小。建筑雕长方形菱形格窗，清雅秀美。屋檐上的瓦当，护檐头；庭院内的马头墙，防火患。阁楼深深，屋宇俨然，精致华美。

沧桑代地　049

风雅人家第一香

汉代博山炉

汉代

高22.5cm

大同市博物馆藏

  汉代博山炉多为铜铸,用来盛放和点燃树脂或香草制成的香料,西汉时期多见于宫廷和贵族的家庭,后来流行于民间。博山炉焚香被古代世家大族和读书人家认为是极其风雅之事。

  博山是汉代道教对海上仙山的称谓。博山炉的炉盖呈重峦叠嶂的山峰形,镂空多孔,炉身深腹,盛放香料,炉身下有细柄连接着圆形底盘。炉中焚香时飘出青烟袅袅缭绕群山,宛如仙境。

以
铜
为
镜
正
衣
冠

乳钉纹规矩镜／日光铭文镜

汉代

左，直径19cm　右，直径14.4cm

征集

　　青铜镜在商周时期为贵族专用，到了秦汉时期开始在民间使用。

　　规矩镜因外形为圆、内有方形图案以及"TLV"形直角形花纹，寓意外圆内方，"因规而圆、由矩得方"，所以得名规矩镜，在镜上分置青龙、白虎、朱雀、玄武和其它鸟兽的图像。规矩镜在汉代长期流行。

　　乳钉纹也叫乳突纹，最早出现在祭祀女性先人的器具上，后在春秋战国秦汉时期常见于青铜器和玉器上，在传统文化里有敬仰母亲、祈求人丁兴旺的寓意。

　　日光铭文镜属于汉代青铜镜中较常见的另一种款式，尺寸比乳钉纹规矩镜略小，背面的图案相对简洁。图案呈现多个同心圆形象，连弧纹中间的两轮同心圆之间，铸有20多个铭文。

　　铜镜背面铸铭文是战国晚期出现的一种新式样。与商周钟鼎铭文不同的是，汉代铜镜铭文所反映的大多是当时人们的精神生活与文化活动，一定程度上称得上是汉代社会精神文化的真实缩影。

沧桑代地

北伐与和亲

面对匈奴的不断威胁，汉朝采取两种政策，一方面多次组织对匈奴的北伐，上至皇帝汉高祖、下至许多名将，都曾路经雁门、代郡，征战北疆。另一方面又长期实行"和亲"政策，争取汉匈和平共处。在雁门、代等边郡先后安置大批南匈奴、乌桓人定居。

青铜剑

汉代
长33.7cm　宽4.3cm
山西大同浑源县李峪村出土

这把青铜剑满是锈蚀，剑柄残缺半截，从长度和形制来看应为当时前线将士的佩剑，是大同及浑源一带为汉代战场的见证之一。

剑被称为"短兵之祖"，常用于近身搏杀和自卫反击，所以古人时常随身佩带。同时期的铁剑比青铜剑更窄、更长、更锋利坚硬，但因为铁剑更容易锈蚀所以存世较少，而出土的青铜剑较常见。

残剑深埋锋未减

古代疆场黑科技

青铜弩机

汉代
长13.3cm 高16.5cm
山西大同浑源县毕村汉墓出土

  青铜弩机是弓弩的发射部分。弩盛行于战国和秦汉，是冷兵器时代在战场上广泛使用的发箭兵器，被誉为古代战争的黑科技、现代手枪的鼻祖。弩机由郭（机身）、悬刀（扳机）、弩牙、望山（瞄准器）、勾心、键（销子）等部件组成。

  弩机的发明和使用，改变了士兵在战场上双手拉弓射箭的方式。弩机可单手操作，能解放出另一只手，而且因为加入了机械构造，发箭的力度和射出的距离不再受限于弓手力量的大小，从而大大提高了弓箭在战场上的作战性能。

  这把弩机同样见证了浑源及大同一带当年汉、匈古战场的场景。

沧桑代地

魏都平城

  平城，拓跋鲜卑建立的北魏王朝的首都。398年，拓跋珪迁都平城，称皇帝，"营宫室，建宗庙，立社稷"，开启北魏平城时代，至迁洛前于平城建都凡97年。

  拓跋鲜卑以平城为基地，成就伟业。道武帝雄才大略，奠定封建国家；太武帝气吞万里，达成北方统一；冯太后、孝文帝"太和新政"，推动华戎一体。他们汇聚南北文明，兼容东西精髓，创造出奇迹般的辉煌，为古老的中华注入新鲜的血液。

  百年帝都，气象万千，商旅汇聚，贡使络绎，成为北中国的政治文化中心和国际化大都市，是丝绸之路的起点。北魏平城历史文化的精华，遗存至今。平城明堂遗址和方山永固陵，记录着鲜卑人封建化的足迹；"真

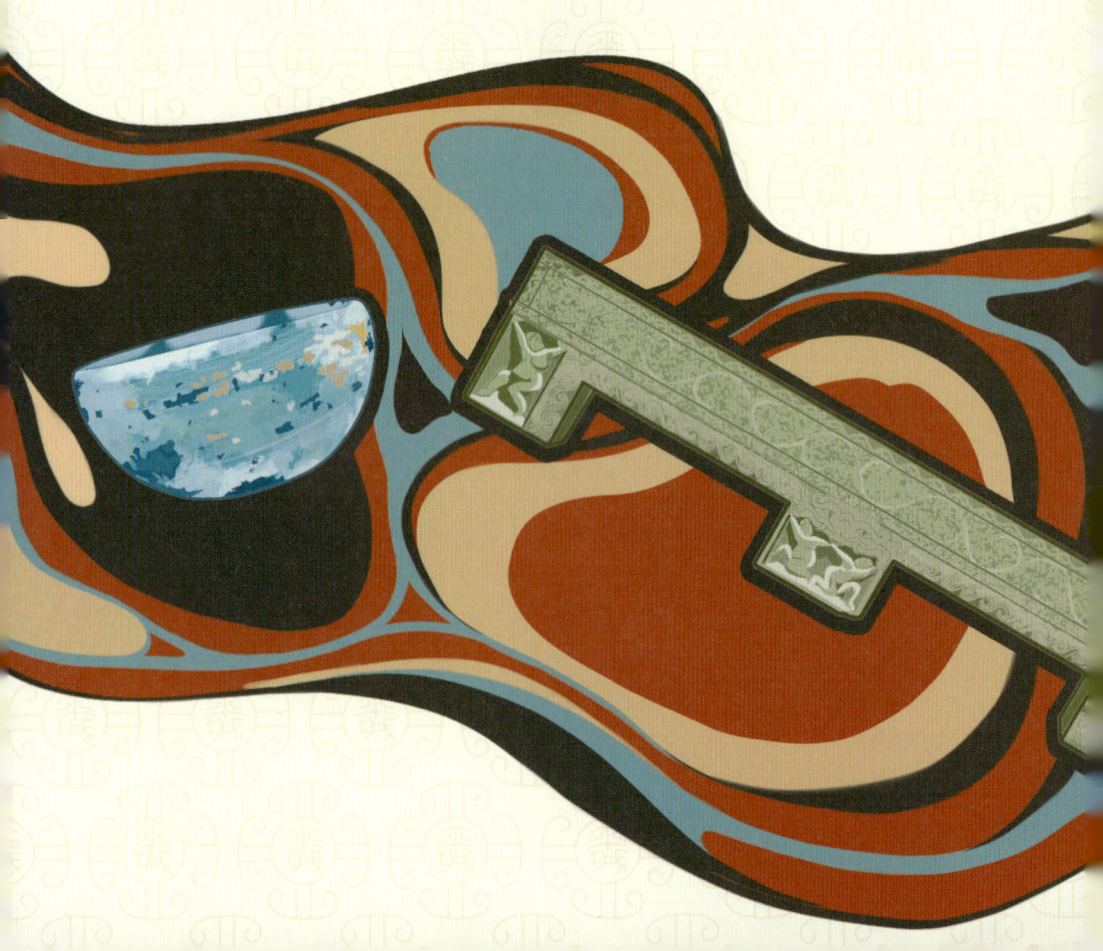

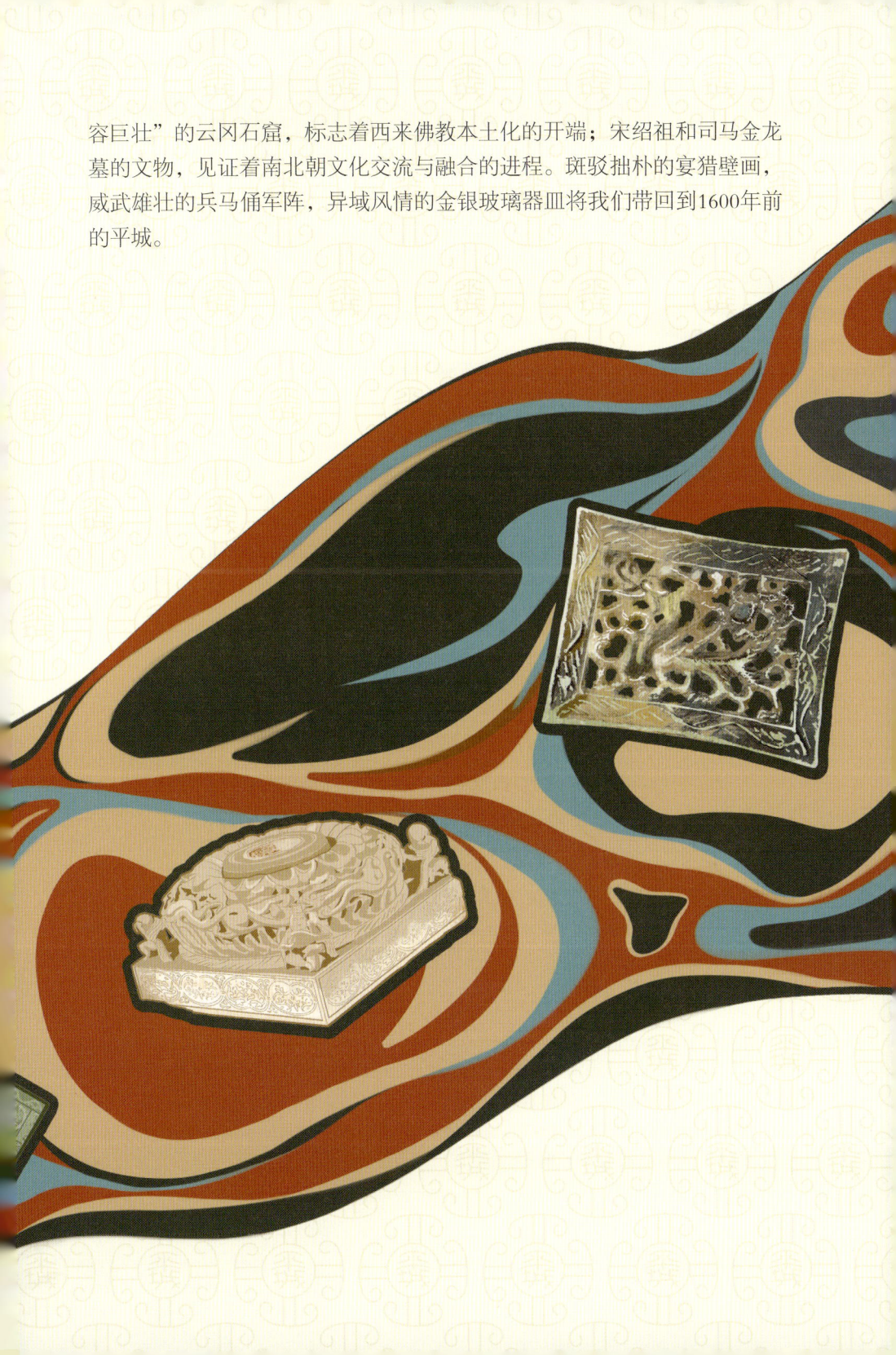

容巨壮"的云冈石窟，标志着西来佛教本土化的开端；宋绍祖和司马金龙墓的文物，见证着南北朝文化交流与融合的进程。斑驳拙朴的宴猎壁画，威武雄壮的兵马俑军阵，异域风情的金银玻璃器皿将我们带回到1600年前的平城。

第一单元
盛乐时代

拓跋鲜卑离开古老神秘的嘎仙洞，走出大兴安岭。东汉初开始南迁，曾于美丽的呼伦湖畔留下足迹，最终进入"匈奴故地"，称雄于阴山南北的广袤草原。258年，首领力微在定襄盛乐召集部落联盟大会，形成一个奴隶制形态的国家，开始了"盛乐时代"。其后，拓跋鲜卑通过与西晋修好，继续南下入山西境，并涉足中原事务。310年，猗卢受封为代公，据有代北全境，以盛乐、平城作为南北二都，不久晋爵为代王。什翼犍时重振各部，设置百官。386年，拓跋珪复建被苻秦所灭的代国，改号为"魏"，拓跋鲜卑由此出发问鼎中原。

小知识：盛乐古城

盛乐古城是北魏王朝的发祥地，位于今呼和浩特市和林格尔县盛乐镇的西南，公元258年拓跋鲜卑部始祖力微入居盛乐，在此祭天，与魏晋通好，建立早期中原属国。至398年，拓跋鲜卑在盛乐两次立国、三筑都城，经历了14帝140年，被称为"盛乐时代"，盛乐城也被誉为"草原第一都"。

文化交融有见证

鲜卑三鹿纹铜饰牌（复制）

东汉

长6.6cm　宽4.1cm

呼伦贝尔市扎赉（lài）诺尔墓群出土

  饰牌主要作带扣、腰带饰、马具饰、首饰配件、"古玩"等用途。制作工艺主要是浮雕、透雕、线刻三种形式。

  青铜时代，饰牌制作较为粗糙，进入铁器时代之后，随着与中原文化的交流发展，饰牌工艺逐步精进。这说明汉族地区先进的生产力为匈奴手工业的发展起到了促进和推动作用，饰牌是匈奴物质文化遗存的典型代表。

  这件三鹿纹铜饰牌，圆角长方形，上部有残损，三只回首状的鹿呈一排直立，鹿角枝杈甚繁，躯体向外凸起，饰牌用透雕镂空工艺制作，表面鎏金，是一件中原文化与鲜卑文化结合的精美产物。

第二单元
京都平城

　　拓跋珪在盛乐建立北魏后，于398年将都城从盛乐迁至平城。其后百年间，北魏王朝统一北方，南北朝隔江对峙，是其统治最辉煌时期，史称"平城时代"。发生在平城的"太和改制"，无疑是北朝乃至中国历史上浓墨重彩的一笔，为中华各民族文化的融合和升华树立了一块里程碑。平城作为北魏国都

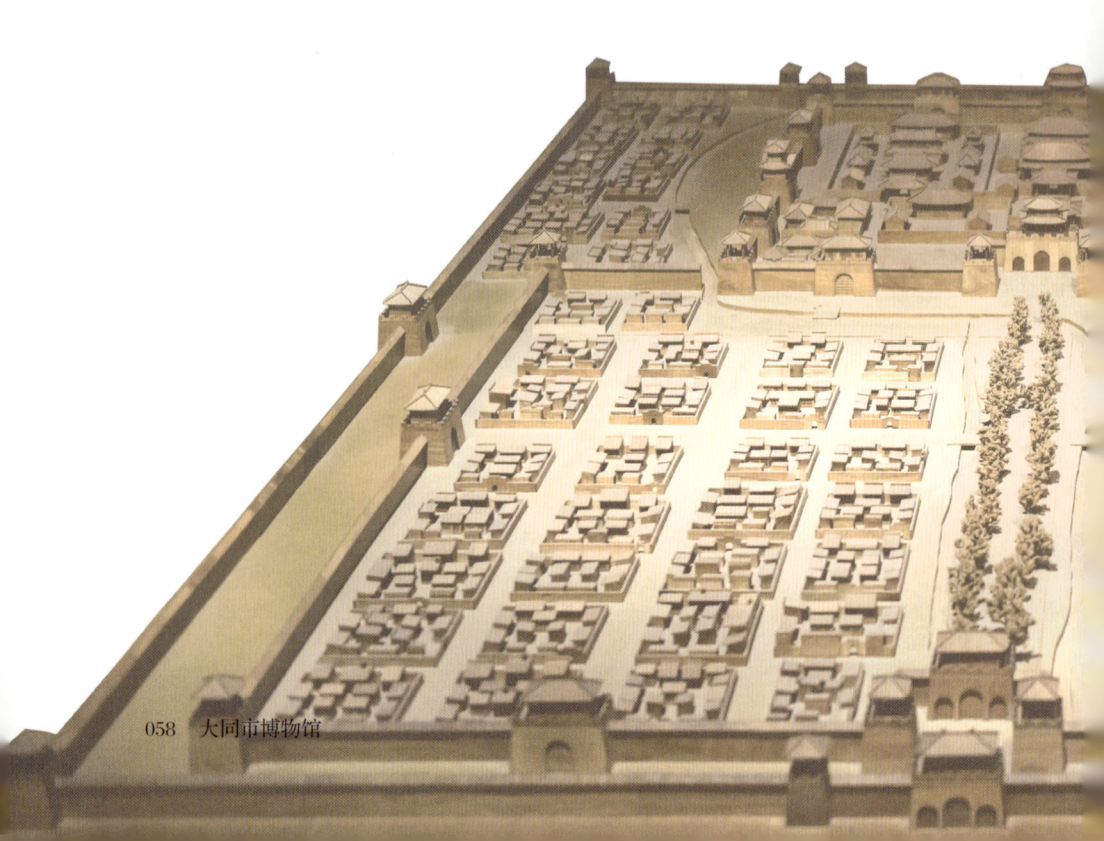

97年，历六帝七世的开拓和经营，形成郭城周回32里、人口上百万、商旅云集、使者络绎的大都市。

平城建筑模型

该模型展现的是京都平城最盛时的宫城建设规模。北魏平城是在秦汉平城县的基础上扩建而成，总体分为宫城、外城、郭城。城市布局以宫城为中心，向外扩展。宫城位于平城北部，建有天文、太极、太和等宫殿。东设太庙、东苑。西置郊天坛、西苑。北建北苑。南筑圆丘、明堂等。外城坊间开巷，巷通街衢，规划完整，布局严谨，为里坊式格局。京都平城人口百万，香烟袅绕，寺庙上百所，僧尼两千余，佛寺妙塔，对峙相望，永宁寺塔高耸云端，呈现一片繁华盛世之象，是名副其实的国际大都市。

古瓦兽面映过往

兽面瓦当／人面纹半瓦当

北魏
左，直径16.3cm　缘宽2.5cm　右，直径20.9cm　宽约15cm
山西大同操场城北魏1号建筑遗址出土

　　瓦当，俗称瓦头，是古建筑的构件。瓦当不仅能保护屋檐椽（chuán）头免受日晒雨浸，延长建筑物寿命，而且上边多刻有美妙生动的图形纹样及文字，具有修饰和美化建筑物的艺术效果。其样式主要有圆形和半圆形两种。

　　北魏瓦当继承了汉代瓦当的风格，又丰富了瓦当的内容——纹饰丰富、制作精致，当面装饰有文字、莲花、兽面、人面等，极具时代和地域特色。

　　大同操场城北魏1号建筑遗址是目前大同地区出土北魏时期瓦当种类最多的地点。其中兽面纹瓦当数量最多，制作十分规整，宽边轮，当面磨光。该遗址出土的文字瓦当最为丰富，内容多为吉语。这些特殊的瓦当配以大型板瓦、筒瓦，显示出原建筑的地位崇高，皇家气息浓厚。

　　这两件瓦当都是泥质灰陶制成。兽面纹瓦当上模印兽首，额头饰有皱纹装饰，双耳直立，浓眉上扬，瞪目狰狞，牙齿相对，獠牙外翻，圆颊隆起，凶猛威严。

人面纹瓦当呈半圆状，外饰一周凸弦纹。背面平直，器表涂黑，未经打磨。正面模印人面纹，细眉上扬，长目凸出，鼻梁挺直，蓄络腮胡子，髭须上卷，牙齿毕露，形象凶猛。

磨光板瓦

北魏
长约84cm　前宽60cm　厚约3cm
山西大同操场城北魏1号建筑遗址出土

大同地区曾有多处出土过北魏平城时期的瓦片，操场城遗址出土的这块板瓦，是目前大同地区发现的体积最大的板瓦，也旁证了北魏皇城的宏大巍峨。

此板瓦通体呈黑色，瓦面磨光、素面无图文，瓦檐上有指捏的波浪纹或羽状纹；烧造温度高，规整、厚重、致密、防水。

板瓦采用了模制工艺：先做筒形的泥坯体，上口小下口大。从坯里以刀具等分划开，待坯体稍干，从坯表对切痕敲击，坯体自然裂开，板瓦遂成。俯视成瓦呈梯形，边沿一大一小，也称瓦檐瓦尾。在施工铺排时，每一个板瓦的瓦檐瓦尾相互叠压，仰置屋面。

广厦轩宇见春秋

魏都平城　061

莲花铺地砖

北魏

长33cm 宽26cm

山西大同御东文瀛北路北魏墓出土

此为北魏墓葬中出土的一块铺地砖。

这款铺地砖，模制阳文，取中心对称的结构样式。以硕大绽放的仰莲为中心，四朵小莲花从四面边角拱卫，外圈再饰以缠枝纹，边际有联珠纹环绕。方圆嵌套，庄重大方。

北魏时期，莲花纹应用场景广泛：大到皇家、寺院的建筑上的雕梁画栋、墙面屋角，佛教石窟造像的龛额、拱柱、窟顶、地面佛座等处，小到人们的衣食住行的器物，如陶瓷、金银器、丝织、铜镜、瓦当等，随处可见。

青荷铺室步生莲

香云轻裛氤绣堂

瑞兽莲花纹地砖

北魏

长34cm 宽20cm

山西怀仁县北魏丹扬王墓出土

来自北魏丹扬王墓的这块繁复精致的地砖，体现了北魏贵族精致奢丽的生活。

长方形砖面上，各色纹饰为模制阳文。大朵盛开的荷花居于砖体中央，莲心一朵，花蕊八瓣，清新明丽，周边的双莲花瓣自由舒展。花朵之外，还有圆形边缘，点点联珠纹围合一圈，突出了莲花图案，静谧柔美。其外，忍冬纹缠绕伸展的姿态，丰富了画面的层次。

砖面横向的两侧，有两只瑞兽，吐长舌，细卷尾，沿相反的方向，以莲花为中心，威风凛凛地行走巡视。莲花和瑞兽，一静一动，造就了充满生机的画面。

无畏风雪压危檐

莲花纹橼（chuán）当

北魏

直径13.5cm 方孔长3.5cm

山西大同市区建筑工地采集

俗语云："出头的橼子先烂。"古时候做屋用的橼子，靠近屋檐的位置叫橼头，因为檐口的瓦容易掉落，靠外的橼头容易被雨淋风吹日晒，造成风化腐烂。橼当，就是箍于橼上、保护橼头的构件。

这件花纹橼当，灰陶质材料，中间方口，用以包裹橼头。方口为中心，往外是一圈莲房，上饰莲子一周，外缘为盛放的莲花纹，六朵双瓣，莲瓣厚实。

魏都平城

莲花静绽掩门扉

莲瓣纹铺首（pū shǒu）衔环

北魏
直径6.5cm
山西大同迎宾街北魏墓出土

铺首为覆莲花的瓣形，八个莲花花瓣，每个都是双瓣。衔环素面。这一铺首，已经非常接近当代日用的门扉的铺首和衔环，简洁大方。

小知识：铺首衔环

　　铺首衔环是中国古代建筑和器物上的附件。"铺首"一般是作为衔环的底座，"衔环"主要装饰于器物的肩部、建筑的门扉以及墓葬中的木门、葬具之上。铺首衔环往往组合一体应用，铺首在上、衔环在下，集装饰、驱凶避邪和实用功能为一体。

　　铺首起源很早，可以追溯到二里头文化时期乃至更早，甚至在史前时期的部分陶器上都可见其踪迹。铺首与衔环结合的形制，在商代开始出现，主要装饰于青铜器的肩部。

　　北魏时期，文化融合、人口迁移、外来宗教传入，铺首被赋予了更多的文化内涵，铺首衔环之变，也印证了北魏文化的多元包容之美。

鎏金铜铺首衔环

北魏
直径15cm
山西大同城南轴承厂
北魏窖藏遗址出土

　　此铺首铜鎏金、镂雕兽面，猛兽双目突出，鼻梁高耸，獠牙外翻，双眉上卷，两绺胡须威严霸气，表现了鲜卑民族不畏艰险、勇于开拓的精神。

金辉交映环对语

力士龙纹鎏金铜铺首衔环

北魏
长16cm　宽10cm
山西大同工程公司院内出土

　　此件铺首衔环，为鎏金铜制造，镂空工艺。
　　方形的铺首里面，猛兽的两耳尖立，头顶双角内卷，兽眉凸显，眼旁侧伸出来两颗利齿。猛兽顶上有一力士，搏击着猛兽，身体抵在了猛兽的角上。衔环上，高浮雕两条龙，龙首相对，鬃毛纹饰在衔环中间。
　　"一人二龙"的故事题材，来自中亚。此器物，反映了北魏和中亚的文化交流，以及平城在丝绸之路发展上的重要作用。

魏都·平城　065

太和新政

北魏王朝顺应历史潮流,继承魏晋传统文化,丰富和发展自身的民族文化。太和年间,孝文帝在冯太后的支持下,颁行班禄制、均田制、三长制等制度,使北魏社会经济得到发展,国力达到鼎盛。永固陵和司马金龙墓出土的文物反映了改制的成果,折射出太和新政具有深广的社会文化影响。

小知识:

琅琊王司马金龙

司马金龙是东晋皇族,其父司马楚之因受刘宋迫害而降魏,战功卓著,封琅琊王。司马金龙袭父爵,官至侍中、镇西大将军、开府、云中镇大将、朔州刺史、吏部尚书,太和八年(484年)卒。其墓1965年发现于大同市石家寨村,随葬器物木板漆画、石雕帐座和石雕棺床均为稀世珍品,成组的甲骑具装俑、骑兵俑、武士俑、仪仗俑等集中反映了北魏军事和文化特色,是民族融合的具体体现。

北魏孝文帝

北魏孝文帝拓跋宏(467年10月13日—499年4月26日),汉名元宏。北魏第七位皇帝,中国古代杰出的少数民族政治家、改革家、文学家。献文帝拓跋弘的长子,生母李夫人。他的改革俗称为"孝文汉化",是指在南北朝时期所推行的政治改革。其主要内容是推行汉化,包括:推行均田制和户调制,变革官制和律令,迁都洛阳,将鲜卑姓氏改为汉族姓氏,学习汉俗。孝文帝拓跋宏于皇兴三年(469年)被册立皇太子,于太和二十三年病逝,享年三十三岁。

司马金龙墓表

北魏太和八年

高64.2cm　宽45.5cm　厚10.5cm

座长47cm　宽14.4cm　厚13cm

山西大同石家寨村北魏司马金龙墓出土

墓表一般记录逝者的姓名、籍贯、身份、生平事迹、立碑缘由，有立于墓前的地面上的，也有一些埋入墓中。

本墓表的碑额上部，刻篆书"司空琅琊康王墓表"八字。出土时位于墓门入口的券顶上方。

表文十行："维大代太和八年岁在甲子十一月庚午朔十六日乙酉，代故河内郡温县肥乡孝敬里使持节侍中镇西大将军吏部尚书羽真司空冀州刺史琅琊康王司马金龙之铭。"表文字体汉隶，方正高古，是北魏早期的书法精品。

琅琊康王长息地

舜父瞽瞍

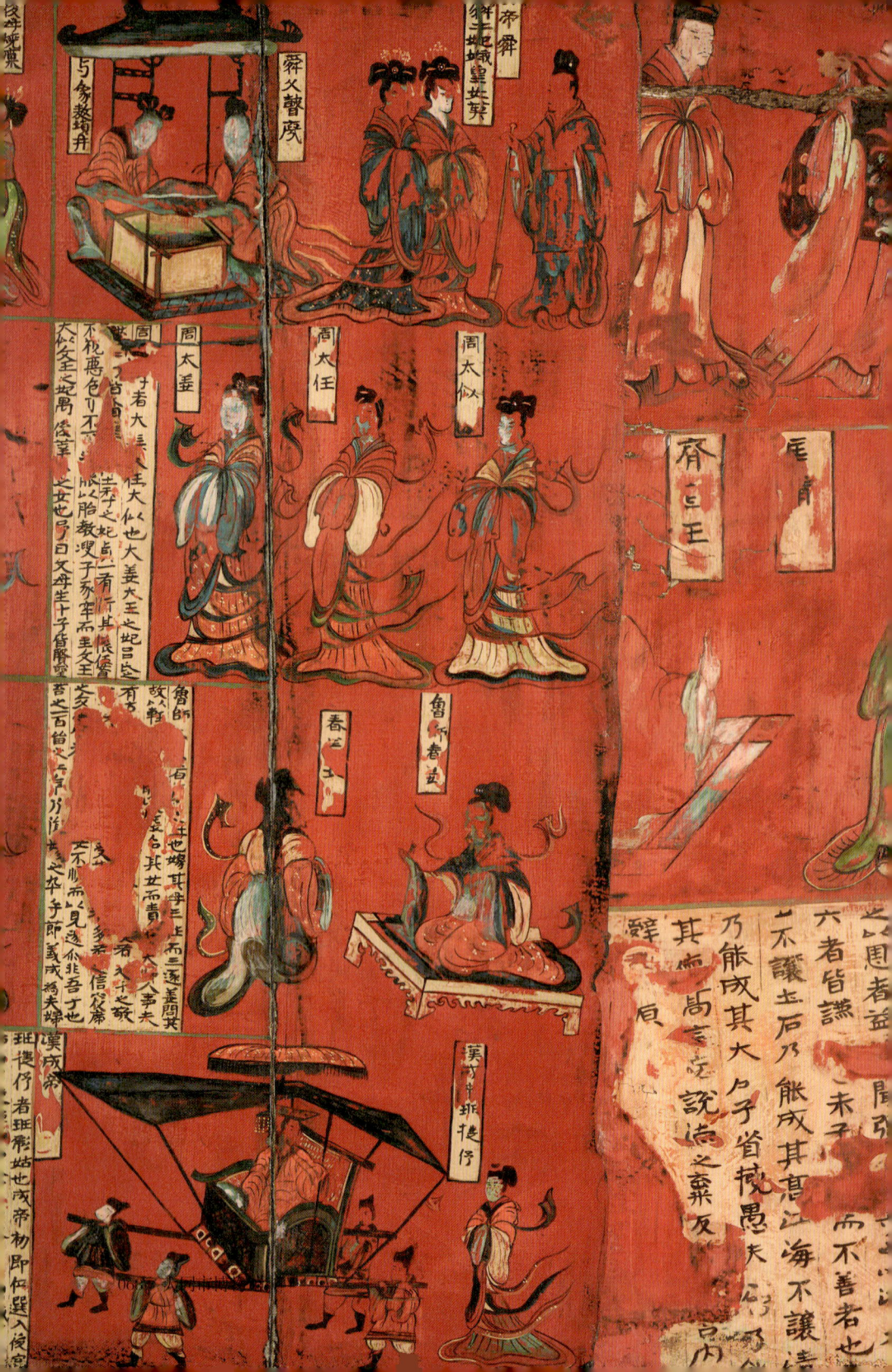

帝舜

周太姜
周太任
周太姒

魯師春姜
魯之春姜

漢成帝班婕妤

铁线漆画书魏风

漆屏风画

北魏

长82cm　宽20cm

山西大同石家寨村北魏司马金龙墓出土

这件漆屏风画是大同市博物馆镇馆之宝之一。

1965年冬，该文物于大同市石家寨村北魏司马金龙墓出土，共发现了五块木质漆画板，是一座漆屏风的主体部分。这些漆画板的前后两面皆有图画，图侧刊写榜题。其上朱漆鞣（róu）地，线描勾勒人物，墨书榜题。

画面内容展现了汉代以来帝王将相、烈女、孝子等传统故事，如帝舜、周太姜、卫灵公、齐宣王、晋文公、孙叔敖、汉成帝与班婕妤（yú），以及孝子李充、卫灵公夫人、蔡人妻等。屏风的工艺制作采用榫卯连接，继承战国、汉代的漆画传统技法，设色富丽、边框装饰精巧。

人物描绘运用铁线描法，兼施浓淡色彩渲染，形象生动逼真，并有纵深的空间感和立体感。构图上重在突出主题，中心人物大于陪衬人物。画风古朴，富有装饰性。漆屏风画的出土，弥补了北魏前期绘画实物的空缺，画法上与传为东晋顾恺之的《女史箴（zhēn）图》酷似，此外漆画上的题榜，较典型地反映出汉隶向唐楷演变中的魏书发展面貌，字体气势疏朗，是不可多得的北魏墨书真迹。

童子嬉戏对虎凤

司马金龙墓石棺床

北魏

长241cm 宽133cm 高51cm

山西大同石家寨村北魏司马金龙墓出土

这件石棺床是大同市博物馆镇馆之宝之一。

这座石棺床纹饰丰富，浮雕华美，技艺精湛，在石面营造出恢宏的气象，有节律的图案充满了音乐感。

石棺床由六块浅灰色细砂岩石板组成。棺床前立面石板呈倒立山字形，上部以波状缠枝四叶忍冬纹作长方形边框，中间雕波状缠枝忍冬纹，波状藤蔓四处伸展忍冬枝叶，枝端托大莲瓣底，之上盛开大荷叶，叶两侧翻卷着忍冬叶，波心内雕枝叶、各种伎乐童子和珍禽瑞兽。

伎乐童子共13个，额留髻（jì）、耳垂发，上身裸，下身着犊鼻裈（dú bí kūn），佩颈饰，阴刻臂钏（chuàn）、腕钏、足钏，帔（pèi）帛从颈后绕两肘飘于身体两侧。

这些童子，从右至左，跃然石上，形态各异：喊话指挥的童子与回首的长尾羽鸟，持钺的童子与回首行走的虎，展双手打鸡娄鼓的童子和昂首的狮子，吹箫的童子与带羽冠展翅的凤鸟，双手执排箫的童子与疾走带翼的狮子，弹曲颈琵琶的童子与跃爪吐忍冬叶的龙，手持帛的舞蹈童子与半卧的狮子，怀抱琵琶的童子与回首方尾羽的人面鸟，双手握埙（xūn）的童子与俯卧夹尾的狮子，回头吹觱篥（bì lì）的童子与昂首阔步的龙，打行鼓的童子与带

翼的狮子，持横笛的童子和回首长尾羽鸟，击细腰鼓的童子和长尾鸟。

其下部三足间雕有水波纹壸门，三只床足以连珠纹为边框，框内高浮雕四个力士，中间两个力士的上部浅浮雕兽面。力士身躯矫健，上身赤裸，两乳突出，大腹便便，下身着犊鼻裤，阴刻臂钏、腕钏、足钏，帔帛从背后绕两臂飘于身体两侧。两侧足的力士呈半蹲状，反举双手作承托石床的姿态，一个发髻分九瓣，额中间有三条抬头纹，两眉相连成弓形，鼻梁上有横带装饰与横纹，唇起露齿，耳佩圆形饰；另一个发髻两分成八瓣，发末端卷起，额头有三条抬头纹，半圆眉，鼻间有横带装饰与横纹，张嘴露上齿咬住下唇，颌下有髭，耳佩圆形饰；中间二力士反身相对，呈胡跪状，颈佩长及腹脐的璎珞，一手反托上部的兽牙，一手抓着兽面两边的獠牙，髡（kūn）发，头顶中部发式呈几字形，两耳各留一撮头发，眯眼，面部祥和而光滑呈童子相；而兽面长眉弯曲，两耳竖立，双目圆睁，鼻孔外露，张嘴呲牙。

司马金龙墓石棺床，石刻人物纹饰有浓郁的西域风情，凸显了北魏时期开放、包容、融合的社会风貌。

> **小知识：犊鼻裤**
>
> "犊鼻裤"是我国古代一种服装样式，这种类似于犊鼻的有裆短裤出现于秦汉时期。与《急就篇》所说膝上二寸为犊鼻穴（人体脏腑经络输注于体表的位置，也是针灸、推拿等疗法主要的施术位置）相符。这种短裤一直沿用到清代，以江苏为主的南方较为常见，被称为"牛头裤"。

魏都平城　071

小知识：胡跪

　　胡跪是伴随着佛教而传入中国的古印度的一种礼节，是一种半蹲半跪的姿态，主要存在于西域少数民族中。

忍冬蛰伏待春雷

蟠龙莲花石雕帐座

北魏

高16cm 边长32cm

山西大同石家寨村北魏司马金龙墓出土

  这件石雕帐座是大同市博物馆镇馆之宝之一。

  帐座，是支撑幔帐帷幕的支架的底座。一般被放在四角，在帐座上先固定立杆，以立杆支撑帷幕。司马金龙墓的帐座，应用以支撑漆画屏风。

  此帐座，取材细砂岩。呈鼓状覆盆形，带方形座。以柱孔为中心，内周依次浅浮雕绹（táo）索纹、联珠纹、双瓣莲纹；外围雕重层双莲瓣纹，腹部高浮雕四条蟠龙，首尾相逐于山峦之上；方形底座四面浅浮雕缠枝忍冬纹，内雕童子。底座四角为浅浮雕忍冬纹。

  帐座形式精美，沉静典雅，浮雕、圆雕、平雕等手法成熟，追求秩序感、匀称性，体现了佛教的装饰风格。这也是在经历长期战乱纷争之后，当时的人们期待平和宁静的思想表达。

魏都平城 073

魏都四方有乐奏

石雕帐座

北魏

高16cm　座边长32cm　高6cm

山西大同石家寨村北魏司马金龙墓出土

　　该墓共出土四件帐座，其中两件雕刻蟠龙莲花伎乐，另两件雕刻蟠龙莲花，这是目前所发现的柱础中艺术价值最高的精品。

　　帐座鼓状覆盆形方基座造型，通体浮雕图案分为三大组：从柱孔周边由内而外分层次刻细密的绳纹、连珠纹、莲瓣纹，并以此为中心顶部雕肥硕而卷翘的重层莲瓣构成一莲花形象，鼓壁上四条蟠龙身饰绳纹和鳞斑纹，它们一字排开置身于瑞气祥云与峰峦叠嶂之中；基座的四角面上各雕刻出一身伎乐，它们分别弹奏着鼓、腰鼓、觱篥（bì lì）和琵琶。座的侧面图案为环状缠枝忍冬纹，内雕伎乐童子。花纹连续往复，充满了和谐美好的韵律感。

小知识：忍冬纹

　　忍冬，常绿藤本植物。幼枝暗红色，密生柔毛。单叶对生，卵状椭圆形，叶深绿色，入冬后略带红色。苞片大，花冠白色，后变为黄色。在《唐本草》中其名为"忍冬花"，这也是忍冬二字最早的出处。忍冬纹是一种以忍冬为题材的装饰纹样。构成方式是以"S"形为基本骨架，在其两边分别生长出双叶或单叶，双叶有相背的、相向的。忍冬纹广泛流行于南北朝时期，多用于石窟、石雕、陶器等器物的边饰上。

石雕帐座的忍冬纹

魏都平城

铁马铮铮踏山河

北魏司马金龙墓出行俑群

北魏
山西大同石家寨村北魏司马金龙墓出土

这组俑群1965年出土于司马金龙墓。这支威武雄壮的军团就是北魏军阵的缩影，是迄今为止出土的北魏时期阵容最大的俑阵，堪称"微缩版兵马俑"。队伍分为导骑俑、骑马仪卫俑、步行仪卫俑、步行戎装俑、侍从俑和甲骑具装俑等。士兵头戴兜鍪（móu）或鸡冠风帽，左手勒缰，右手平举兵品，整装待发，威风凛然。

俑阵队伍前两列是导骑俑，它们头戴垂裙帽，帽顶后塌，垂裙及肩，身穿交领长褶，下着裤，足蹬靴，威风凛凛。

位于队伍左右两侧的是仪卫俑，头戴圆风帽，起到引导主人车驾、举武器、仪仗的功用，多数风帽仪卫俑披风上绘

有虎斑，象征虎皮风衣。

接着是仪仗武士俑，头戴尖锥形兜鍪，面部涂彩。上身内着长襦，下着裤，外罩铠甲，铠上饰竖行白条纹，肩有披膊，曲手握有武器。

位于队伍中部的是侍从俑，头戴垂裙帽，垂裙下部作迎风翻卷状。耳边戴有圆形饰物，身穿交领及膝长襦，下着窄腿裤，足蹬靴。双腿分开立于圆形底座上。手势动作各有不同，有的左臂下垂，右臂弯曲前伸，右手半握执物，有的双手前举。

最后的几列是甲骑具装俑，他们可谓是队伍当中的重骑兵。武士与战马全身都披铠甲，头戴兜鍪，身着圆领窄袖裤褶（zhě），外身罩有绘着彩色条纹的短铠，手中握有武器，马铠绘条状或鳞片状纹饰，强有力地保护着墓主人出行时的安全，也象征着北魏时期军事力量的强盛。

司马金龙墓出土文物中的武士俑、骑马武士俑共计210件，占陶俑总数的56%，陶马也占了相当比例。陶俑基本都穿着便于骑越的胡服，是汉文化和游牧文化相融合的产物。

魏都平城

马上乐音风中扬

釉陶骑马武士俑

北魏

高30.5cm　长29.2cm　厚5.8cm

山西大同石家寨村北魏司马金龙墓出土

　　司马金龙墓的釉陶俑，把色釉和彩绘综合应用于一件制品之上，是在烧成的釉上又加了彩绘。釉色通常有黄色、绿色和褐色，颜色都有明度小和纯度低的特点。

　　此件釉陶骑马武士俑，黄褐胎，人马通体施黄绿色铅釉。武士头戴有鸡冠形装饰的风帽，帽垂裙至肩部，身穿长褶，外罩装饰有虎斑纹的圆领窄袖皮质甲，下着窄腿裤，左手牵缰绳，右手置于嘴前，似在鼓吹乐器，造型自然写实。这种武士俑属轻骑兵，人、马皆不披铠，一般位于队伍的前部和后部。

同披铠甲齐凯旋

釉陶甲骑具装俑

北魏

马长29.2cm 座长14.9cm 高30.5cm

山西大同石家寨村北魏司马金龙墓出土

这件甲骑具装俑,人马铠甲装饰纹一致,通体施黄褐色釉,上绘白色条纹。骑兵全身披铠,头戴兜鍪(móu),左手握缰,右手执物,昂首挺胸,目视前方,英俊威武。战马与武士一样威风凛然。

北朝时期,战事纷飞,北方民族以武力进入中原。为了保护战马便开始给战马披上铠甲,《宋史·仪卫志》载"甲,人铠也;具装,马铠也。"这便是史书中所称的"甲骑具装"。

甲骑具装俑即武士与战马均着铠甲的重骑兵俑。中国目前最早的甲骑具装俑时代不晚于前燕,马铠与北魏司马金龙墓陶马所披马铠相似。甲骑具装的普遍使用极大提高了骑兵的攻击和防护能力。

庄重肃穆展威仪

釉陶仪仗俑

北魏
高23.1cm 长8.4cm 厚6cm
山西大同石家寨村
北魏司马金龙墓出土

  司马金龙墓墓主是镇守云中的将领，身份显赫，出土的陶俑多是象征权力和威严的武士俑及仪仗俑，数量之多让世人震撼。仪仗俑通常位于俑阵左右两侧，头戴圆顶风帽，身穿绘有虎斑的披风，起到引导主人车驾，举武器、仪仗的功用。

  这件釉陶步行仪卫俑，通体青绿色釉的底色上，帽顶及铠甲绘有纵向长长的白色条纹。他头戴兜鍪（móu），内着长褶延伸到膝盖，下着轻便的裤子。他上身披挂铠甲，肩上有披膊，铠甲是由长方形的甲片编织组合而成，铠甲的底边有红色装饰。仪卫俑面部施釉后又涂粉彩，炭黑勾描出眉、眼及胡须，朱砂勾描出嘴，以石膏绘制成眼白。他左臂垂落，右手举物，是行军中规范的行走和持物的动作。

马靴依旧似当年

釉陶仪卫俑

北魏
宽6.8cm 高20.6cm
山西大同石家寨村
北魏司马金龙墓出土

此俑头顶风帽，垂裙落到肩头，身披小立领的长袍，两袖自然下垂，长袍的衣摆垂到脚踝，露出了铮亮的小马靴。俑的面部细节清楚，面涂粉彩，五官轮廓生动，宽眉毛、黑眼珠、红嘴唇、八字须，英气俊朗。他双手聚于胸前，中间有圆孔，应当是握持着兵器，但持物已失。

这件仪卫俑通体施以青绿色的釉料，衣帽上涂有白色色块，如虎斑纹路，威风凛凛。

笑意盈盈落凡间

泥塑菩萨飞天头像

北魏

菩萨，高13.2cm　头长11.5cm　宽10.7cm

飞天，高11.6cm　头长9cm　宽9.5cm

山西大同方山思远佛寺遗址出土

　　这一组充满笑意的菩萨飞天泥塑，出自思远佛寺遗址——北魏文明太皇太后冯氏为祭奠先祖敕建的皇家寺院，体现了较高的艺术水平，从中可看到佛教世俗化、生活化的一面。

　　左边的菩萨头像，头戴宝冠，面部丰腴，细眉长目，鼻梁高挺，嘴角上翘。

　　右边的飞天头像，圆月脸庞，细眼弯眉，含笑露齿，头发飘逸，耳廓狭长，佩戴耳铛。

小知识：飞天

　　敦煌飞天最早出现在十六国和北魏时期。"飞天"是佛家的说法，最早诞生于古印度，起初是指乾闼（gān tà）婆和紧那罗两个人。乾闼婆是个散发香气，栖身于花丛，飞翔于天宫的人物，主司为佛献花、供宝。紧那罗不会飞翔，主司奏乐、歌舞。在后期人们逐渐把两者混合为一体，变为飞天。只要有佛陀出现，他们就一定会出现。中国的道教也有飞天，他们是飞升的仙人形象，大多被绘制在墓室壁画当中，象征着人们期望墓主能够羽化飞天的美好祝福。

岁月磋磨度流年

釉陶推磨俑

北魏

高20cm

山西大同二电厂北魏墓群出土

推磨俑，泥质灰陶料，施以酱釉。圆形的磨台底部向上有个弯曲角度，致使磨台面要大于磨台底的面积，这样便于推磨人劳动，贴近磨台却不会妨碍身体活动。磨台上部有个向上卷曲的磨沿，防止粮食溢出掉落。圆柱形的磨盘严丝合缝，制作精细，磨眼撒粮食，磨钮穿磨棍，设计合理。鲜卑族陶俑侧转身体，微微倾斜，双手一前一后配合着，做推磨的动作。

百踏千碓为谷香

釉陶踏碓（duì）俑

北魏

碓长10.5cm　高17.8cm　俑高 20cm

山西大同二电厂北魏墓群出土

　　碓，是一种舂（chōng）米用具。这一处碓，是分体式的。它用底座和柱子架起了一根木杠，杠的一端装着石杵，用脚连续踏另一端，石杵就连续起落，打进圆形的石臼中。

　　这一着长襦、戴垂裙帽的踏碓俑，泥质灰陶料，施以酱釉，上身前倾，右手扶架子，抬起右脚正准备去发力踩踏木杠，他双眼聚焦木杠，有着认真的表情。

釉陶烧灶俑

北魏
灶宽16.5cm　高15.3cm　俑高20cm
山西大同二电厂北魏墓群出土

烧灶俑，泥质灰陶料，施以酱釉。

烧灶俑在灶前跪地而坐，身穿交领窄袖的长襦，戴着鲜卑族典型的垂裙帽，他身姿直立，神情专注，伸出的右手正在忙于烧火添柴。一幅人间烟火图景，将思绪带到了另外一个世界。

晚来掩扉炊烟起

魏都平城　085

且向深井觅清泉

釉陶井旁俑

北魏
俑高20cm
山西大同二电厂北魏墓群出土

井旁俑，泥质灰陶料，施以酱釉。

圆柱形的井体凸出地面半米左右，井口上部有一弯凹进去的脖颈，井口向上连接了一段镂空的井架。井口的提高，提升了安全效果。井架的设立，方便了取水和拴住绳索。

陶俑，鲜卑族装束，头戴垂裙帽，身着交领窄袖的长襦，他双手交叉于胸前，微微前倾身体，向井内探视。

陶仓及劳作俑

北魏
陶仓高16.7cm 底径14cm
劳作俑高20cm
山西大同二电厂北魏墓群出土

  三足的圆盘，托举着一座大腹的陶仓，离地一段空间，可以防潮。椭圆形，可以盛装更多的粮食。仓体上曲曲弯弯的水波纹，更加拉伸了横向的视觉宽度。

  陶仓的两侧，两位鲜卑族服饰的陶俑正在劳作，神情专注。左边的陶俑，跪坐，头戴鲜卑传统的垂裙帽，身着长襦，右臂放在右膝上，左手扶着箩筐，正在挑选谷物。右边的陶俑，与左边的坐姿和衣着相同，他双手握住簸箕的后部，用簸箕来筛去谷物里面的谷壳等杂物。

  这一组陶仓和俑的组合，是施以酱釉的陶制作品，有着传神的人物塑造，风格古朴浑厚，体现了鲜卑民族粗犷豪放的审美情趣。

颗粒入仓庆丰年

魏都平城

神骏千里逐风尘

釉陶马

北魏

长32cm　宽9cm　高39cm

山西大同石家寨村北魏司马金龙墓出土

战马在作战中居于最重要的地位，牵引战车和骑兵都需要优秀的马匹。这件釉陶马通体施深褐色釉，呈站立状，昂首张嘴嘶鸣，目视前方，左前蹄抬起，表情欢快自然，神气十足。

丝路驼影傲苍穹

釉陶骆驼

北魏

长30.5cm　高32cm　厚6.5cm

山西大同石家寨村北魏司马金龙墓出土

骆驼用泥质灰，周身施黑彩烧制而成。骆驼昂首曲颈，睁目竖耳，目视前方，鼻孔翕张，张嘴嘶鸣，双峰高耸，细尾顺垂，脚掌宽大，体态健壮，头上还有个明显的凸起。呈站立状，宛若整装待发。造型生动逼真，是北魏墓葬俑中不可多得的精品。

骆驼俑是北朝时期流行的动物俑，带有浓郁的异族风情和显著的时代特色，是北魏时期民族交融的见证，也是"丝绸之路"最具代表性的文化符号。

雄威庄严守千年

虎头石门墩

北魏

长44cm 宽42cm 高31.5cm

山西大同方山永固陵出土

门墩，又称门座、门台、门鼓、抱鼓石。多用于汉族四合院大门两侧，起到固定、点缀、装饰门的作用。成语"门当户对"，门当就是门墩，户对则是指门楣上的门簪。门当与户对，是古代建筑中对称美的体现，后来引申为婚姻般配。

门墩的雕刻形制和纹样繁多，也极富个性。内容多表现对仕途、子孙、长寿等的祈盼，尽呈吉祥福瑞之意。其作用有五：一是支撑门框，二是装饰门脸儿，三是辟邪驱恶，四是看家护院，五是显示主人身份和地位。

这件北魏太和年间的虎头石门墩，由灰白色细砂石制成，造型优美。总体呈长方形，前部雕成虎头状，中间凿孔嵌入门柱，后部嵌入壁内。虎被视为"兽中之王"，有石虎守门看户，野兽鬼怪就不敢进入宅门，此件为祥瑞镇宅类门墩。

第三单元
中西交流

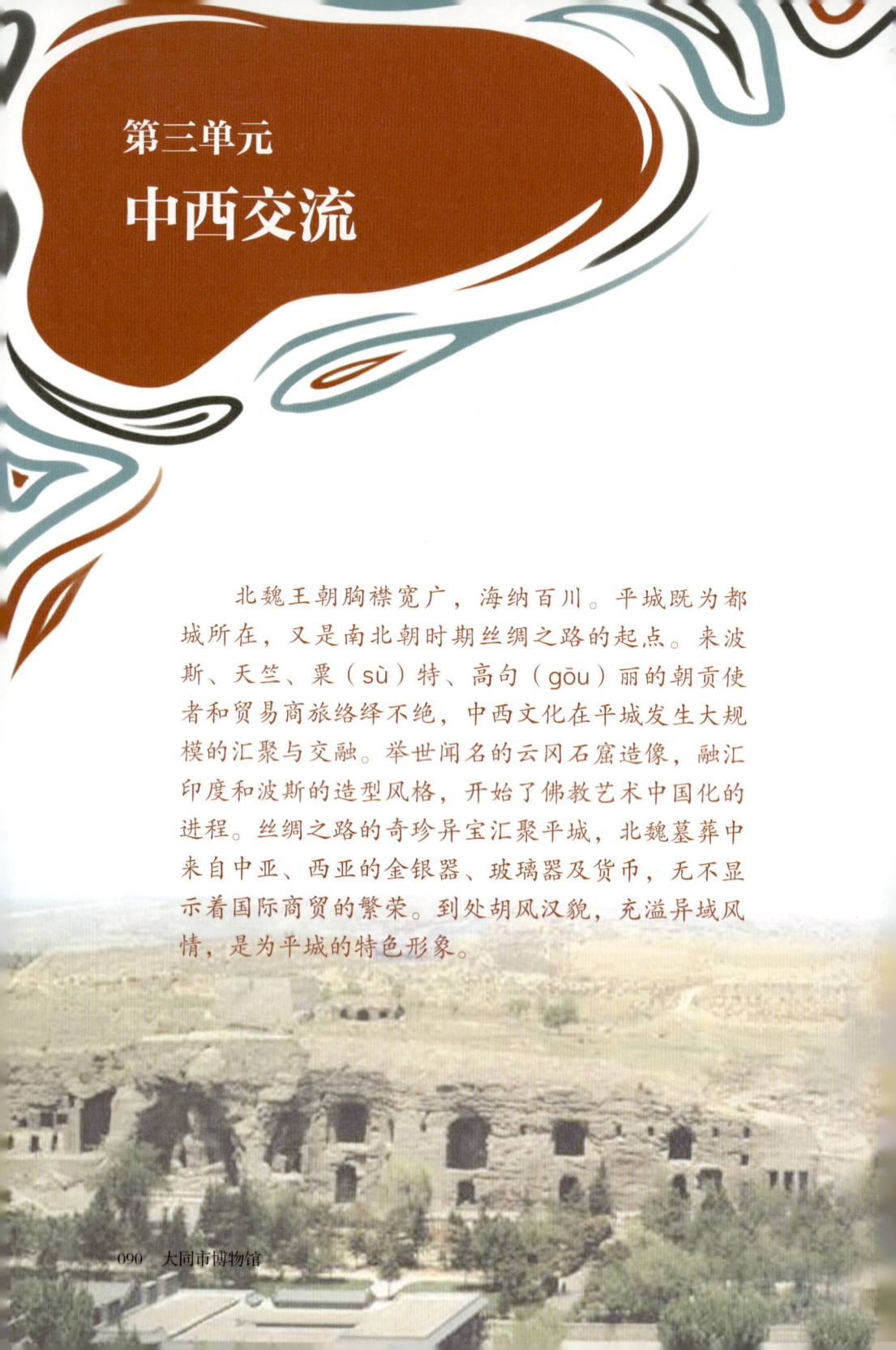

　　北魏王朝胸襟宽广，海纳百川。平城既为都城所在，又是南北朝时期丝绸之路的起点。来波斯、天竺、粟（sù）特、高句（gōu）丽的朝贡使者和贸易商旅络绎不绝，中西文化在平城发生大规模的汇聚与交融。举世闻名的云冈石窟造像，融汇印度和波斯的造型风格，开始了佛教艺术中国化的进程。丝绸之路的奇珍异宝汇聚平城，北魏墓葬中来自中亚、西亚的金银器、玻璃器及货币，无不显示着国际商贸的繁荣。到处胡风汉貌，充溢异域风情，是为平城的特色形象。

崇佛造像

北魏建国之初，沙门法果宣称皇帝即"当今如来"，拜天子乃是礼佛，故北魏佛教具有浓重的国家色彩。太延五年（439年），太武帝平佛教圣地凉州，沙门佛事俱向东传，佛教造像盛行。由于佛教的发展严重影响了皇权统治，太平真君七年（446年）太武帝下令灭佛，六年后文成帝继位，复法。沙门昙曜在武州山主持开窟造像（今云冈石窟），此后平城进入了佞佛时期。

法相庄严 持清莲

石雕屋形龛（kān）

北魏

长61cm　宽58cm　厚11.5cm

山西大同城西小站出土

　　此件屋形龛仿北魏木构建筑，悬山顶下雕刻屋檐、瓦垄、人字拱和一斗三升拱。龛由两根八棱廊柱支撑，柱下有覆盆带方座柱础，柱头分置栌斗，上托一斗三升拱、人字拱，悬山顶。

　　龛内雕一佛二菩萨，佛身后有椭圆形身光和圆形头光，佛像高肉髻（jì），细眉长目，面庞清瘦，内着僧祇支，下着长裙。外着双领下垂式袈裟，右领襟甩搭左臂，衣裙下摆外侈。左手施触地印，右手施无畏印，结跏趺坐于狮子座上，座下有托扛地神；胁侍菩萨体态修长，头后饰桃形头光，帔（pèi）帛相交，下着长裙，手捧莲蕾或提净瓶，跣足立于方板上，板下也有托扛地神；龛长方形底座中间阴刻博山炉和两位供养人。

　　该龛造像风格特征与云冈石窟晚期造像风格一致，应为北魏迁都洛阳后的作品。

二佛并坐传真言

石雕二佛并坐龛（kān）

北魏

高约30cm　宽约30cm

山西大同城南修路工地出土

  这件石雕二佛并坐龛，是1956年大同城南修路时发现。龛额浮雕十身合掌供养人，尖楣圆拱龛雕成龙身，龛尾刻龙首反顾，龛内雕刻释迦、多宝二佛并坐。佛像高肉髻，眼微睁，嘴含笑，着袒右肩袈裟，右手施无畏印，左手施触地印，结跏趺坐。龛外两侧胁侍菩萨，龛下方中央雕博山炉、左右两只狮子衔宝珠相对。整体布局庄重、严谨，是北魏太和年间流行的造像题材。

  二佛并坐造像题材源于佛经《妙法莲花经——见宝塔品》，在北魏时期十分流行。二佛并坐龛在云冈石窟较为多见，大约有400处。目前大同地区发现少量北魏时期二佛并坐单体造像，其造像风格应以云冈石窟为蓝本。

石雕艺术

随着开窟造像的兴盛，北魏石雕艺术也迅速发展。既有宏大的仿木构建筑，也有细致的生活用品、明器等。劲健流畅的浮雕、细腻精丽的镂雕、跃跃欲出的高浮雕、饱满生动的圆雕，承继着汉代雄浑的传统，又受西方写实立体风格影响，力士像、忍冬纹、伎乐童子等流行题材源于佛教艺术，平城石雕线条遒劲，健朗潇洒，造型生动，具有独特的艺术魅力。

铠甲在身备征战

石雕武士像

北魏

高65cm　宽40cm

山西大同二电厂北魏墓出土

武士俑头戴兜鍪（móu），身穿铠甲，胡跪于方形座上，肌肉凸起，身材短粗，威武雄健。其一面貌年轻，双目凸出，高鼻阔口，张嘴露齿，一手似持矛，另一持盾；另一面容苍老，颔下蓄须，双眉粗壮隆起，怒目圆睁，左手空握搁于腿上，右手残，持物已失。造型生动逼真，给人以威严、凶猛、震慑之感。

善心福泽远流传

石雕供养龛

北魏

龛总长 45.6cm　宽 23.5cm　高 33.5cm

山西大同城东寺儿村采集

　　这件石雕供养龛是以整块砂岩镂雕而成。中部前方雕一中空圆拱龛，下设长方形供桌，桌前立面正中浮雕一小桌，两侧各雕一壶，桌两侧各站立一执钵（bō）男侍，头戴圆顶垂裙帽，身着左衽及膝长褡，下着长裤，足蹬靴，穿戴上属典型鲜卑式衣帽。

　　龛两侧均高浮雕一名武士与一镇墓兽。武士头戴兜鍪，脑后有插缨孔，身着圆领及膝长袍，下身着裤，两手空握于身前；镇墓兽左为兽面兽身，右为人面兽身，都是四爪着地，颈部鬃毛直立，尾梢呈三瓣忍冬叶式，绕过后腿贴服于后背。

　　龛中各角色的职责和功用都较清晰，侍者服侍，武士和镇墓兽保护墓主的灵魂不受侵扰。

西风东渐

太武帝灭北凉后,打通了中西交流的通道,丝绸之路重新焕发生机,中西亚、西域各国的使者与商人云集平城,鲜卑乐舞、汉晋雅乐及西凉乐奏响于宴堂庙飨;中西亚的金银器、玻璃器、奇珍异果等进入平城人的日常生活,陈列于案几之上;含有西域、波斯艺术元素的忍冬纹、联珠纹等装饰图案成为当时的流行纹饰。

> **小知识:伎乐**
>
> 伎乐是在露天演出的一种舞蹈表达形式,是我国的乐舞。因隋初设置的国伎、清商伎、高丽伎、天竺伎、安国伎、龟兹伎、文康伎七部乐而闻名,后来传入日本,被称为伎乐舞,对日本能乐产生了很大影响。

伎乐杂耍俑（复制）

北魏

高27～40cm

山西大同雁北师院北魏墓群出土

这组伎乐杂耍俑由七件九人组成，均为深目高鼻的胡人，表现的是生动的杂技表演场景。

中间比较突出的俑昂首向上，头顶长杆，上有两名童子，正在做惊险的杂技表演。表演者体轻如燕，上下回转，动作矫健，好像鸟儿在空中飞翔一般。他们表演的这种杂技叫缘橦（tóng），是一种高难度的高杆表演。在表演的过程中，三人都要时刻保持平衡，彼此之间要形成默契，否则极容易从高处跌落。另外六人环绕在表演者周围，演奏乐器，鼓掌喝彩，各具神态。其中一人仰首向上，双手举起，既像是在惊呼赞叹，又像是怕表演者摔下来，方便接住他们。

盘旋翩跹若飞天

魏都平城

波斯银币

北魏
直径5cm
大同市博物馆藏

这些银币为波斯萨珊王朝卑路斯王时期的货币，由不同的印模压印而出。图案大体为一种类型，但正面王像略有不同。按照这种差异可以分为两类。A类样式有两枚，银币正面均有半身王像，面均右向，王冠前有一新月，冠的后部有一雉堞形饰物，冠顶亦有一新月，之上托有一圆球，脸及肩的空白处有钵（bō）罗婆文的铭文，意为"主上卑路斯"，王像和铭文的周围以联珠纹圈饰。B类样式有八枚，此类样式的

波斯焰火北方天

正面王像除了具备A类的特征之外，在冠顶新月的两侧各有一翅翼。

这两种类型的银币背部花纹都为拜火教的祭坛，坛上有火焰，火焰两侧为五角星（六角星）和新月，祭坛两侧各有相对而立的祭司一人，左右祭司背后皆有铭文，左侧为纪年铭文，右侧为铸币地点，图案外围同样有联珠纹圈饰。

这些遗存，见证了北魏和波斯国家的经贸往来，体现了北魏王朝开放包容的外交理念。

小知识：萨珊王朝

萨珊王朝（萨桑王朝），也被称为波斯第二帝国，它是最后一个前伊斯兰时期的波斯帝国。萨珊王朝的居民称萨珊王朝为埃兰沙赫尔或者是埃兰。萨珊王朝取代了被视为西亚及欧洲两大势力之一的安息帝国，与罗马帝国共存了四百年之久。它建立的时间在224年，对应中国的三国和魏晋南北朝时期。

陶狗

北魏
长30～45cm　高约25cm
山西大同大同县蔡庄村北魏墓出土

　　陶狗两件，泥质灰陶，为墓葬随葬的动物陶制品。取材于波斯犬形象，这说明北魏时期，东西交往频密，波斯犬类品种已经流入了平城。

　　其一四爪蹲踞，双眼圆睁，大耳下垂，龇牙咧嘴地凝视另一条啃咬东西的犬，似馋涎欲滴。其颈系项圈带环，脊背、腹部和四肢塑造逼真生动。其二卧姿，张口呈咬噬状，双眼圆睁，双耳紧贴脸颊，颈系项圈，尾巴细长卷曲，脊背四肢塑造清晰。

　　两条陶狗一动一静，身材修长，线条流畅，神态专注，形象逼真，制作工艺传神细致。

灵犬凝神吐馋涎

瀚海如金驼铃远

釉陶骆驼及牵驼俑

北魏

骆驼长29.5cm　高31.5cm　牵骆驼的胡俑高20cm

山西大同石家寨村北魏司马金龙墓出土

这两件陶俑是大同市博物馆的镇馆之宝之一。

骆驼通体施褐色釉,昂首,曲颈,目视前方,双峰耸,腿挺直,足蹬地,精神饱满,整装待发。

牵驼胡俑施青绿色釉,深目高鼻,头戴尖顶圆帽,帽边有穗,身着圆领窄袖及膝长衣,侧摆开叉,腰系带,足蹬靴。左手执叉,右手平举,牵引着骆驼,侧身仰视间和骆驼充满了默契。

这组胡俑和骆驼的组合,是北魏平城这个丝绸之路东部起点重要的见证。

魏都平城　101

八曲银洗

北魏

口长23.8cm　宽14.5cm　底长7cm　宽4.5cm　高4.5cm

山西大同迎宾街北魏建筑遗址出土

八曲银洗为八曲花口式杯口，每曲在口沿处向器内侧形成小弯，旋绕成云朵状的花瓣，弯口处饰忍冬纹。而且每一曲都从器口直通器底，其圈足亦为八曲花瓣形。器物中心有两个摩羯相搏，摩羯相搏的图案不仅具有印度佛教艺术元素，更受到来自草原文化和艺术的影响。

八曲银洗是饮食器，出产自五到六世纪的大夏，杯口外壁还刻有大夏文铭文。大夏在今天的阿富汗附近，这件器物应是经由丝绸之路输入的舶来品。丝绸之路贸易与文化的交流带来了许多舶来品，是研究公元五世纪中外文化交流史的珍贵文物。这件八曲银洗形制独具特色，保存完好，在国内极为罕见，其风格直接影响了唐代的金银器。

八曲舶来入大唐

鎏金錾花人物纹高足银杯

北魏
口径9.3cm　底径3.75cm　高11.4cm
山西大同南郊北魏墓群出土

举樽酌月酒三杯

　　这件鎏金錾花人物纹高足银杯，敞口、圆腹、圜（huán）底、高足，口沿下和上腹部各有一圈联珠纹。杯身近底部有弦纹一周，外围环绕忍冬纹。杯足呈腰鼓状，杯底为圆形，类似倒扣的盘子，周围饰有忍冬纹。另有四组从器物底部伸展出的"阿堪突斯"叶纹将器物的外壁下方分成四个部分，叶纹之间分别有一个圆环，各环内都捶揲（yè）出一个男性头像。

　　"阿堪突斯"叶纹是波斯萨珊和中亚艺术中的常见纹样。这件鎏金錾花人物纹高足银杯，从制作工艺到装饰纹样看，与中土没有什么关联，应为波斯萨珊王朝的饮器，一件舶来品。它是北魏社会贵族生活的写照，更是印证北魏平城时期中西文化交流的实物资料。

勇士挥矛气如虹

狩猎纹鎏金银盘

北魏

口径18cm　底径4.5cm　高4.1cm

山西大同小站村北魏封和突（yào）墓出土

  这件银盘，敞口、斜腹、矮圈足。盘内外沿饰有三道旋纹，银盘中央部分为狩猎图。

  狩猎纹属于波斯萨珊王朝的常见图案，所以该文物应为一件来自波斯萨珊的舶来品。它用金属制品的捶压法工艺制成，是国内重要的萨珊金银器。

  银盘的画面中央是一位西域男子，深目高鼻，络腮长须，卷发，头戴半弧形冠帽，帽前部有九颗圆珠组成的装饰，男子脑后饰有飘带，颈戴项链，耳垂水滴状耳坠，环手镯，腰带挂箭筒，足蹬半筒靴，双手持矛，身处长满芦苇的沼泽，只身与三头野猪搏斗，右手横握长矛，矛尖直刺一野猪，右脚反蹴一野猪，还有一只野猪正在蹿出。

  银盘的主人，封和突（438—501年），代郡平城人，北魏大臣。他的墓中有如此精美的波斯来物，印证了北魏和波斯的经济文化交流广泛深入，深刻影响了当时社会生活的各方面。

鎏金錾花人物纹银碗

北魏

口径8.5cm　高5cm

山西大同城南轴承厂北魏窖藏遗址出土

　　这件鎏金錾花人物纹银碗，敞口、圆腹、圜（huán）底素面。口沿及上腹各有一圈联珠纹，两圈联珠纹之间錾刻有麦穗纹，腹部被圈底伸展而出的"阿堪突斯"叶纹分为四个区域，每组叶纹之间有一圆环，共四个圆环，每个环内均捶揲（yè）出一个相同的男性头像。该头像都是正身侧脸，深目高鼻，卷发遮额，头戴圆形小帽，颈部配有项链，内着V领衣，衣物肩部饰有圆点。

　　联珠纹也是波斯萨珊王朝时期的典型纹样，在钱币、织锦、壁画、金银器皿、浮雕上等均有广泛应用。这件来自西方的文物是当时北魏王朝与西方文明交往的印证。

金花银碗为君奉

这般颜色哪里来

玻璃碗／深蓝色半透明玻璃瓶

北魏
左，口径12.9cm 底径7.7cm 高5.9cm
右，口径2.4cm 底径2.6cm 高5cm
山西大同七里村北魏墓群出土

  这两件玻璃器是大同市博物馆镇馆之宝。

  北魏政权与西域各国交往频繁，《北史·西域传》有月氏商人在平城采矿石铸玻璃的记载："大月氏国……世祖时，其国人商贩京师，自云能铸石为五色琉璃，于是采矿山中，于京师铸之。既成，光泽乃美于西方来者。乃诏为行殿，容百余人，光色映彻，观者见之，莫不惊骇，以为神明所作。"

  大同地区出土的北魏玻璃器由最初简单的贸易引进，发展到效仿吸收西方玻璃器制作工艺，融合鲜卑民族自身的审美特点，最终形成风格独特的北魏玻璃器。

  这件玻璃碗整体呈半球形，圆唇、圜（huán）底，质地为天青色玻璃，看上去十分精美。

  这件深蓝色的玻璃瓶，吹制成型，器壁较薄，有球形盖，表面晶莹、制作精美，不仅是我国早期吹制玻璃的精品，也是佐证西方吹制玻璃技术在北魏定都平城时期传入我国的实物资料。

北魏蓝彩映星辰

玻璃壶

北魏

口径5.5cm 底径4cm 高15.4cm

山西大同迎宾大道北魏墓出土

这件玻璃器是大同市博物馆镇馆之宝之一。

这件玻璃壶质地为深蓝色半透明玻璃，喇叭口，口沿外撇，束颈圆肩，鼓腹，腹下内收，小平底。肩部饰有凸弦纹两周，表面有土沁，并形成了类似蛤蜊壳的光泽，像是彩虹的颜色，很是夺目，器形仿自平城当地陶壶。有人称其为"北魏蓝"或"大同蓝"。

第四单元
胡风汉韵

三到六世纪的中国,北方草原民族纷纷内迁,政权林立。拓跋鲜卑建立的北魏,结束了十六国的混乱局面,实现北方的统一。散布中原的胡汉各族历经血与火的洗礼,呈现胡汉杂糅、兼容并蓄的局面。中原文化极大地影响了游牧民族,同时胡风胡俗也注入华夏社会。中原居民生活的饮食起居习惯发生变化,文学艺术等方面更是增添了粗犷奔放的色彩。

胡服妆饰

鲜卑人左衽窄袖的服饰与右衽宽袖的汉服迥然有别。男性服袴褶,衣长及膝,交领或圆领窄袖,腰系带,足蹬靴;女性着襦裙,紧身窄袖,长裙遮足,佩项饰耳环,戴腕钏(chuàn)指环。因北地气候寒冷,他们多戴帽,帽顶浑圆,脑后均有垂裙。

魏都平城 109

红衣朱颜却待谁

陶女俑

北魏

高18cm　长11cm　厚5.5cm

山西大同石家寨村北魏司马金龙墓出土

　　这北魏风格的彩绘陶女俑，泥质灰褐陶，外涂彩，不上釉。女俑圆脸丰润，高髻（jì）。体态丰腴，梳高髻，束十字形带，外似包巾类，下垂至肩。穿斜领窄袖长袍，双手交于腹前。无釉泥质灰褐陶，发巾涂黑，面涂白粉，袍涂红彩或白彩勾宽红边。

彩绘陶女舞俑

北魏
高20～24cm
山西雁北师院北魏墓群出土

女舞俑面部线条流畅，面露笑容，头上戴着"十"字形缝隙痕迹的圆形风帽，里面穿着长裙，外罩内领窄袖长襦，双袖散开来状若起舞，看上去特别生动逼真。舞俑既反映了当时的衣饰风格，又反映了北魏贵族的奢靡生活。

北魏平城的墓葬承袭了西晋以来中原随葬俑群的传统，当时的平城（今大同）作为北魏前期国都，十分仰慕并虔心学习中原文化，在其王公贵族的墓葬习俗中很多得以体现。墓葬俑种类丰富，多达六种，分别为镇墓俑、出行仪仗俑、胡人杂技俑、奏乐俑、舞俑和庖厨劳作俑。

载歌载舞尽欢愉

一人二龙贯中西

嵌宝石人面龙纹金耳饰

北魏

带链通高14.6～17cm　圆环侧饰通长6.3cm

山西大同恒安街北魏墓出土

这对耳饰主体为一圆环，环身两侧斜上方焊接链饰，现仅存一条。

环身上部圆细，上部的中间有一向内的机括；下部捶揲（yè）成扁宽状，中间錾刻一人面，人面两侧各刻有一龙。两侧的龙双角长弯，以金珠焊缀联珠纹。环身下方以两小环扣接两坠。小环处还各焊接一水滴状装饰，内有金托，上嵌宝石，宝石大都脱落，装饰周边饰有联珠纹两周。其下的坠饰有两个，其中之一栓有小金棒，小金棒之下依次穿有扁金饰、珍珠、绿松石珠、花草纹镂空金饰和玛瑙珠；另一坠饰为花草纹镂空金托，中嵌水滴状紫水晶。圆环的侧饰为三幅掐金丝而成的图案，内嵌各种宝石，多有缺失，周边饰有联珠纹。

耳饰造型取材于北魏平城时期非常流行的"一人二龙"造型，是由中亚大夏地区（约今阿富汗东北部）"一人双兽"造型派生而来，在铺首（pū shǒu）衔环、云冈石窟中也可发现其踪迹。就其制作工艺来说，采用了捶揲、錾刻、焊缀工艺，足见北魏时期高超的手工业水平。

水滴宝石金铃铛

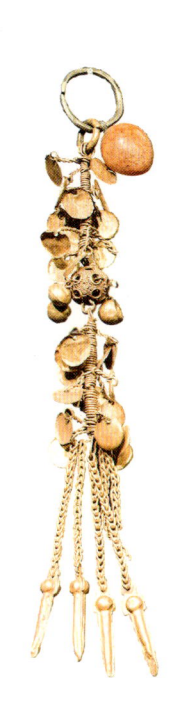

嵌宝石金耳坠

北魏

长约20cm

山西大同交通苑北魏墓群出土

  鲜卑族的耳饰有三大类，分别为螺纹花式、椭圆形和连坠式。连坠式以宝石、金片、铃铛、珍珠等为主组合，多为女性佩戴。

  此金耳饰即为连坠式，由两个部分组成，上半部为一圆环，环身一部分以联珠纹装饰，另一部分素面，还栓有一联珠纹金托，中嵌水滴状宝石。下半部分的主干为细金丝编成的圆柱，圆柱上挂着镂空金球、圆金片以及金制铃铛。在下半部分的底端，栓有流苏状的细金链，每根金链的底端还系有一个金质的尖形锤饰。

  此金耳饰造型别致，是研究古代细金工艺重要的实物资料。

魏都平城

乾坤华彩饰金黄

金珠玻璃项链

北魏

直径20cm

山西大同恒安街北魏墓出土

　　此项链整件器物由大小金珠10颗，扁金饰九颗，水晶两颗，珍珠42颗，黑色、绿色小玻璃珠4800余颗组成。大金珠直径1厘米，小金珠直径0.5厘米，皆外形浑圆，中间穿孔。

　　金珠等饰物在黑色珠串上相间分布，装饰华美。玻璃珠孔内径只有0.1～0.15cm，如此微小的珠子，是如何打磨穿孔的，令人惊叹；金珠黄、珍珠白、水晶亮，它们在黑色、绿色的玻璃珠之间相间排列。大金珠饱满圆润，扁金饰以小金饰焊接成联珠花瓣，水晶珠被打磨成六棱体……此项饰工艺精细，制作繁复，配色艳丽，颜值出众。出土时，项链散开了，修复时重新穿缀耗费很长时间。

玛瑙串饰

北魏

直径15cm

山西大同南郊北魏墓群出土

　　这件串饰整件由16颗不同的玛瑙组成的，分别是棱形浅褐色纹理缠丝玛瑙、扁圆形黑色缠丝玛瑙、菱形红色玛瑙、球形白色半透明玛瑙

东海水晶玛瑙饰

珠、球形红色玛瑙珠、六棱柱形半透明水晶、柱形白色半透明玛瑙珠。它见证了当时北方民族佩戴饰品的喜好风格和饰品的制作工艺。

相传齐国（现江苏北部和山东东南部）生产水晶原矿，有"东海水晶"的美称，至春秋时代开始依靠商业作为国家崛起的动力，一跃成为中原霸主。玛瑙串饰便是由齐人佩戴的水晶装饰演变而来。

中原飞龙金护身

镂空龙纹金牌饰
北魏
长4.6cm 宽3.7cm 厚0.2cm
山西大同城区迎宾大道北魏墓群出土

此件牌饰整体近长方形，四边向内微弧，条形边框，上饰有水波纹。框内镂空雕有一条飞龙，昂首向前，鬃毛卷翘，形态威猛，体现了

魏都平城 115

当时成熟的金属加工工艺。

这样的动物纹牌饰品,是萨满教的神符,是鲜卑人的护身符。

北魏政权,是从草原走向中原的,长达百年的统一和融合之路,走得很辛苦,改变自身也很艰难。草原的勇毅坚忍的民族精神,如何和汉地诗书久远的文化传统融合,威行天下,四海升平,考验着曾经马背上的民族。他们把中原的龙纹,镂空雕刻在金牌饰上面,最终在他们的信仰里,也接受了中原。

良金捶器成瑞兽

瑞兽纹金箔饰

北魏

长5.5cm 宽4.3cm

山西大同安留庄北魏墓出土

这件文物为北魏时期的金器,器物近似长方形,上部、左部、下部都饰有水波纹,器物中心捶揲(yè)出一只瑞兽,四足直立,昂首挺胸,嘴微张,尾巴上翘。器物的右部下端有缺口,切面整齐,而且在右部的中段还有小部分纹饰,所以这件器物应该是完整金箔的一部分。

腰系龙凤护平安

鎏金瑞兽纹铜带銙（kuǎ）

北魏

左，长14cm 宽6cm 中，长9cm 宽6cm 右，长4cm 宽6cm

山西大同交通苑北魏墓群出土

魏晋南北朝时期，战国以来流行的系结工具——带钩，逐渐被装有活动扣舌的带扣取代，蹀躞（dié xiè）带成为魏晋南北朝时期比较常见的腰带。

蹀躞是指带鞓（tīng）上垂下来用以系物的带子或环。蹀躞带主要由带扣、带鞓、带銙、蹀躞、铊（chá）尾组成。皮革质的带鞓先钉数枚带銙，銙下有环，环上套挂若干小带即为蹀躞。

此文物为蹀躞带的一部分，分别为附有带扣的长方形带銙一枚，附桃形环的方形带銙一枚和无环方形带銙一枚。带扣和桃形环均焊接在带銙上。桃形环的两端为鹰首，环身有一圈联珠纹。三枚带銙皆底部鎏银，边框和图案鎏金，边框上铆有排列有序的铜钉。长方形带銙内饰神龙，张牙舞爪，栩栩如生。方形带銙内饰凤鸟，羽毛飘逸，形象生动。

魏都平城 117

食肉饮酪

拓跋鲜卑从大漠草原驰骋而来，善骑射，逐水草，以畜牧、射猎为业，食肉饮酪。后与汉人杂居，渐染食谷蔬之习，鲜鱼茗汁、牛羊酪浆俱上案几。

宴饮图壁画

北魏

山西大同南郊区仝家湾村北魏墓出土

来自草原上的鲜卑民族征战四方，建都平城后过着奢靡生活。从这一幅出土于大同北魏墓葬的宴饮图壁画可以看出，楼阁高大宽敞，食物水陆杂陈，胡人乐伎弹琵琶、吹箫、跳舞、演杂耍，十分讲究排场。

此图绘于北魏墓群9号墓室的北壁。墓主人端坐于宽广的屋宇下，形体高大。墓主人下方绘出杯盘罗列的备食场面。东侧绘胡人乐伎杂耍图，中央一壮年男胡俑右手叉腰站立，左手扶支在额头上的幢杆，杆上有四幼童做各种杂技动作：其中两名并排立于横竿上，单手攀幢杆，全身伸展；上有一幼童正双手双脚夹杆向上攀爬；最上幼儿腰抵杆顶，全身向下舒展。壮年

楼台宴饮伴歌舞

男胡俑身旁有一男子双手上举，似在保护缘幢幼童。另有弹琵琶等乐器的胡人乐伎、舞伎。这种胡人乐舞、杂技表演有典型的西域风格，反映了北魏平城时期西域文化和艺术已融入人们的日常生活。

居室生活

北魏的居室丰富多彩，既有汉族木构式屋宇建筑，也有胡族穹庐式的毡帐。室内陈设杂融相置，有汉族风情的帷帐、屏风、床榻、连枝灯等，也有鲜明游牧民族特色的石灯、石柱座、胡床等。鲜卑人垂足而坐的习俗对后世的生活起居影响深远。

灯座表现图

北魏
山西大同石家寨村
北魏司马金龙墓出土

这件灯座表现图出自司马金龙墓五块漆画屏风中"卫灵夫人"一幅。图中卫灵公与其夫人相对而坐，卫灵公在左，夫人在右。卫灵公跪坐于榻上，榻的三面围着屏风，灵公夫人则跪坐于榻下，双手举着酒器，呈献酒之姿。画面右侧非常突出地立有一座三枝灯。灯底上圆下方，呈柱础形，表面装饰斜向网格纹，座上则是直筒形灯柱，柱顶及左右曲枝上各有一灯盏。盏为盘形，黑色。盏中高高飘拂着黄色火焰。从画面灯的造型看，应为铜制连枝灯。

连枝灯是一种古代油灯，以铜质、陶质最常见。也是汉代墓葬中常见的随葬明器，有暗夜长明之意。

一灯能破千年暗

魏都平城　119

尉（yù）迟定州墓石椁

北魏
高约240cm　长约348cm　宽约338cm
山西大同阳高县上泉村出土

　　这座石椁为砂岩质地，仿木结构，四壁由竖立的石板拼装而成。面阔三间，进深三间，明间设门洞，以封门石封堵，封门石上刻有鲜卑语铭文。大意是说，在北魏太安三年，尉迟定州用官绢六匹购买了八千枚砖。

　　这种铭文是东汉以来，传统民间葬仪中为亡人买地作冢的凭证，买主就是尉迟定州。尉迟原本是鲜卑族中一支部落的名字，后来以族名尉迟为姓，称尉迟氏。定州就在今天河北定州一带，以地名称人，说明买主可能为定州主官。就像三国时，刘备作为豫州刺史，被称为刘豫州一样。

　　不过，墓室中的尸骨却为成年女性，并非有官职的男

华屋零落归山丘

性。专家推测尉迟定州或许只是该女性的直系晚辈，负责料理死者后事而已。

拓跋鲜卑是中国古代第一个入主中原建立政权的北方民族，这座墓葬中仿木结构的石椁，就是文化交流、民族融合的例证。

彩绘方形陶毡帐

北魏
底长25.6cm　宽23.2cm　高18cm
山西大同雁北师院北魏墓群出土

白居易诗言"青毡帐暖喜微雪""青毡帐里暖如春"，这里的"青毡"就是毡帐。

毡帐，又称"穹庐""毡房""百子帐"等，是古代北方游牧民族主要的居所。

鲜卑族迁移到平城时，仍然保留了游牧民族的许多生活习俗。虽然建都于平城，但城外的居民仍有很多住在毡帐里面。据记载，北魏时期，毡帐或与瓦顶木构屋宇杂用，毡屋也可设于宫殿之内。

这件毡帐陶器呈长方体，以泥质灰陶片捏制彩绘而成。开一门于中下部，顶部中间开天窗两个。一条绳索，一头系在天窗上，另一头系在后壁的圆环上，天窗因此可以开启和闭合。

青毡帐暖喜微雪

魏都平城

彩绘穹庐顶陶毡帐

北魏

直径 24.6cm　高18.2cm

山西大同雁北师院北魏墓群出土

　　这件穹庐外形的毡帐，圆圆满满，暖意融融。其顶盖隆起似穹庐，遍涂黑彩，帐顶有一彩绘圆形，代表天窗。底部为圆形的围壁，正中开门，门楣向前突出且宽于门框，上面彩绘2个红色门簪，围壁又绘数个示意绑缚固定之用的花形挽结图案。

　　在大同司马金龙墓也出土有陶毡帐两件，底面呈长方形，与此外形相似。

彩绘陶灯

北魏

口径12cm　底径6.2cm　高11cm

山西大同南郊田村北魏墓出土

　　此灯盘圆钵（bō）形，尖圆唇，浅腹，灯盘外壁上装饰有两周凹弦纹。灯柄下部两侧，有圆筒形装饰作为把手。底座呈圆形，下部内收。灯体分段施以红彩。器形造型整体对称，一对圆筒的加入，不仅让陶灯易于端放，同时增加了器物的稳定感，还有一种轻巧的氛围油然而生。

微光一束一室暖

枝繁叶茂伴升仙

陶多枝灯

北魏
底部直径20.5cm　高41cm
山西大同雁北师院北魏墓群出土

汉代盛行陶多枝灯，寓意长生和升仙，广受宫廷和贵族的欢迎，成为重要的家居用品和常见的明器；花样繁多，设计繁复讲究，且不乏高大者。

这件北魏陶多枝灯，沿袭了汉代常见的造型，中等大小，简朴大方，由盘、柱、底座、枝灯四部分组成。灯盘呈圆形，微敛、方唇、平底。灯柱上细下粗，底座呈喇叭形状。枝灯共八个，小灯盘呈圆形，小灯柄弯曲细长，错落安置于灯体。灯柄可拆装。

俯视此灯，可见大小的灯盘内方外圆的组合状态，隐喻着人生智慧。整体观之，造型雄阔，比例合理，重心沉稳，给人以敦厚平和的感觉。

魏都平城

绚烂釉彩映华年

釉陶尊

北魏

口径9.4cm 高32.4cm 底12.4cm

山西大同七里村北魏墓群出土

  这件陶尊由两部分组成：尊身直口微侈，方唇圆肩，鼓腹下敛，底部似倒扣弦纹碗。肩部塑有短錾（pàn），另堆塑菱形、月牙形和桃形宝珠花图案；尊盖形为直壁侈口三足樽（zūn），表面饰弦纹和水波纹，内穿五孔；尊盖底座与尊口相扣合，通体施黄褐釉。造型雄浑大气，口盖部设计独特。

小知识：釉陶

  釉陶，施有低温铅釉的陶器的总称，出现于西汉时期，经历了汉代的单色釉陶，到北朝时的双色釉陶，再发展成唐、宋、辽时的三彩的过程。其釉以铁、铜、钴的氧化物做着色剂，以氧化铅做助熔剂，烧成温度约700℃～900℃，烧成后呈现黄、绿、蓝等色，釉层透明，釉面光亮，但化学稳定性较差，不适合做实用器物，多用作随葬明器。

六朝风雅漫平城

青瓷唾盂

北魏
口径12.8cm 底径14cm 高19.7cm
山西大同石家寨村
北魏司马金龙墓出土

青瓷唾壶，是用以唾痰的卫生器，六朝时盛用此器，故在六朝墓葬中多有此物。

这件越窑制品，瓷质，盂盘口，长颈，扁圆腹，高圈足，施釉到足，胎质细腻坚致，釉色青中泛黄，釉质晶莹润泽，器型浑厚大气。可见当时生活的精致程度，连唾壶也如此清雅。此器是国内体量最大的青瓷唾壶，在黄河以北极少发现。

盘口莲瓣纹釉陶罐

北魏
口径10.4cm 底径6.4cm 高17.9cm
山西大同七里村北魏墓群出土

南北朝时期佛教得到大力传播，陶瓷器装饰纹样也受到佛教艺术的影响，莲瓣纹和忍冬纹等大量出现。

这件造型精美的盘口莲瓣纹釉陶罐，浅盘口，方唇，粗颈，圆肩，鼓腹，颈、肩、腹分饰弦纹，肩部堆塑一周莲瓣纹。釉层较薄，釉面光亮呈黄褐色，是北魏时期釉陶佳品。

污泥不染尘不著

魏都平城 125

野泉声入砚池中

石雕方砚（复制）

北魏

长21.2cm　宽21cm　高9.1cm

山西大同城南轴承厂北魏窖藏遗址出土

　　这款砚台为浅灰色细砂岩石所制，砚面呈正方形，沉稳大气。正中突出正方形砚盘，以联珠纹和莲花纹作花边。砚心两侧各有一耳杯形水池和方形笔舔（tiǎn），两端有鸟兽作饮水状。砚面对角有莲花座笔插及联珠纹圆形笔捺，周边雕人物图案四组：骑兽、角觝（dǐ）、舞蹈、沐猴。砚的四侧也各有图案，雕刻力士、云龙、朱雀、水禽衔鱼等。砚底正中雕莲花一朵，以它为中心，周边雕莲花八朵，并以九朵莲花纹构成砚底图案。

　　此方砚台，装饰精巧的同时兼顾了实用，是北魏石雕中的精品。

车辇乘舆

古代出行的车乘，既是交通工具，也是社会地位的重要标志，车舆（yú）的种类与侍从的数量都不能僭越。北魏贵族出行时备牛车鞍马，随从簇拥，旗仗卤簿导引，伎乐百戏穿插其间，阵容庞大，威严显赫。

慢驱牛车载金玉

彩绘陶牛车

北魏

牛长32cm　牛高21cm　车长24cm　车宽18cm　车高24cm

山西大同雁北师院宋绍祖墓出土

秦汉以前，牛车属于低档交通工具，贵族们不坐牛车。西汉初年，国力贫弱，包括将相在内的贵族也只好乘用牛车。东汉末期开始，汉灵帝和汉献帝竞相乘牛车出行，引领牛车成为时尚，魏晋达官贵人们无不以华丽的牛车为荣耀。

晋代的富豪王恺有头名牛，叫作"八百里驳"，宠爱至深，竟然常常给牛的蹄子和牛角修饰抛光。牛的身价见长，甚至带动了养名牛这个产业。

宋绍祖墓的陶牛车，就是当时世俗生活的写照。牛双目半睁，口微张，腿部粗壮，后腿弯曲作行走发力状，形象敦实健硕，面容沉静安

魏都平城　127

详，脖颈下的垂皮厚，牛背披着辔（pèi）饰，四蹄分立于长方形底座之上。其后的牛车为乘坐之用，车体由顶盖、车厢、底板、车轮构成，方形圆顶。车顶似皮制，疑为"皮轩"。车厢开前后门和侧窗，车门及车轮施彩。牛车的比例适中，简约大气，表现了北魏对牛车的审美情趣。

晓日浮云车马喧

彩绘陶两驾轺（yáo）车

北魏

马长31cm　高21cm　车长15.8cm　高24cm

山西大同雁北师院北魏墓群出土

轺，古代一种轻便的小车。《晋书·舆（yú）服志》在追溯轺车源流时说："轺车，古之时军车也。一马曰轺车，二马曰轺传。"这一组彩绘两驾轺车，就属于"轺传"了。

先秦时期，大部分马车为立乘之车，轺车就是站立着乘车的。东汉刘熙《释名·释车》写道："轺车，轺，遥也，远也，四向远望之车也。"这里讲述了"轺车"四面无遮挡，全景无死角，视野好。

此彩绘陶轺车，车前驾两匹红马，马身低矮，曲颈伫立，双目圆静，嘴巴紧闭做静声状，马额右侧鬃毛残失，光背，四腿短粗。辎车车厢呈长方形，遍涂红色彩绘，厢体后边两侧各有一短斜撑。车轮遍施红色，轮有16辐，辐间饰黑彩。

征鸿声里四蹄风

彩绘陶马

北魏

长38cm　高32cm

山西大同雁北师院北魏墓群出土

骏马曲颈伫立，全身毛发纯黑，身姿壮硕健美，脖颈、身腹、四腿比例完美，四蹄沉稳雄健。马头顶部鬃毛细密整齐，双目熠熠有神，鼻孔翕张，马嘴大张做鸣嘶状或是嘴紧闭静声状。它全身披挂配饰，颈部有条带，颈下系铃铛，马身正中配置了有纹饰的马鞍和障泥，鞍仿皮革制，鞍下马腹两侧配障泥以遮蔽尘土。陶马以红彩打底，马身还装饰有黑色的网状纹饰。

魏都平城　129

漆屏风画车辇图

北魏

山西大同石家寨村北魏司马金龙墓出土

这幅《车辇图》讲的是班婕妤(yú)辞辇的故事,出自司马金龙墓出土的漆屏风画。

班婕妤是西汉著名的女辞赋家,也是汉成帝刘骜(áo)的嫔妃。她出身名门,文学造诣极高,尤熟谙史事。据说为了能时时看到班婕妤,汉成帝每天都让她陪伴左右,就连出行时也要和班婕妤同乘龙辇。班婕妤认为,应该常伴君王身边的是忠臣良将,而并非后宫嫔妃,鼓励并引导汉成帝更多地关心朝廷大事,不应该沉迷于享乐。

画面上,四个人抬着龙辇,上面端坐着一位仪表堂堂的男子,留恋地回头看在辇车之后跟随的妇人。画中男女主角正是汉成帝与班婕妤,讲的就是班婕妤为了避免君主过度喜好女色而疏忽朝政,推辞和君主同乘一辆车的故事,宣扬了班婕妤忠君不惑君的女德。

忠君不惑美名传

游猎遗俗

鲜卑人擅骑射，北魏诸帝多有大规模的狩猎活动。平城建有皇家游猎场所，早期有鹿苑，后划为东苑、西苑、北苑，园林方圆数十里，养有珍禽异兽，苑内建有殿宇、亭榭、池沼、虎圈等。

2008年大同市富乔垃圾发电厂建设工地北魏墓群9号墓出土

平城魏碑

魏碑是一种重要的书体，因其产生并发扬于北魏的碑志造像等刻石文字而得名。平城作为这一书体的发祥地，已发现的北魏碑刻和墨迹就达数十种，形式有记事碑、墓志铭、发愿文、瓦当和砖瓦文字、瓦削文字、木板漆书等种类。平城魏碑在中国书法史上独树一帜，其书写风格多样，或朴拙雄浑，或奇肆险峻，或舒畅流丽，与洛阳魏碑前后承继，承汉魏隶书余韵，开隋唐楷书先河。

仙洞烛明日月长

嘎仙洞祝文刻石

北魏

高70cm　宽120cm

内蒙古大兴安岭鄂伦春旗嘎仙洞出土

　　内蒙古自治区鄂伦春自治旗的嫩江支流北岸，百余米陡峭的山壁之上，有鲜卑族先人曾经聚居生活过的山洞——嘎仙洞，这里也是鲜卑族人的祖庙。

　　太武帝太平真君四年（443年），北魏太武帝拓跋焘（tāo）差遣仆射库六官、中书侍郎李敞等人，跋山涉水，历经寒暑，回到先祖发祥之地，寻根祭祖，刻石凿文，祷告天地，感谢皇天后土对鲜卑族的护佑，感念历代先人开疆拓土、定鼎中原、威服四方的功绩，感念祖先恩德带来的福分，也祈求先祖继续保佑鲜卑族后人"子子孙孙、福禄永延"。

　　刻石的文字，有的纤弱清瘦，有的厚重笃定，字体大小不一，字体风格也在隶书到楷书的变化之中，体现了北魏太武帝时代的书法发展状况。

造塔人曹天度所书题记

曹天度造九层石塔题记

北魏

山西朔州朔城区马邑博物馆、台湾收藏

北魏文成、献文帝时期，"京邑帝里，佛法丰盛，神图妙塔，栉峙相望"，民间造塔雕佛的风气盛行一时。

献文帝天安元年（466年），一座九级楼阁式石塔落成于北魏京城平城，塔的三面是供养人的浮雕图像，一面由造塔人曹天度书写了有关造塔的题记（上图）。题记里大意是说：曹天度竭尽财力，造此石塔，弘扬佛法，祝愿国君福同天地，祝福皇太后、皇太子福运绵长。

题记文字115字，笔力强健，姿态挺拔，棱角分明，气势雄浑，尽显古朴豪放之风，被众多书家称为"稀世极品"。

这座石塔，塔身现存台北历史博物馆，塔刹存于山西朔州市朔城区马邑博物馆，石塔的两部分远隔千里遥遥相望。

千里相望岁静好

魏都平城　133

一点墨香越千年

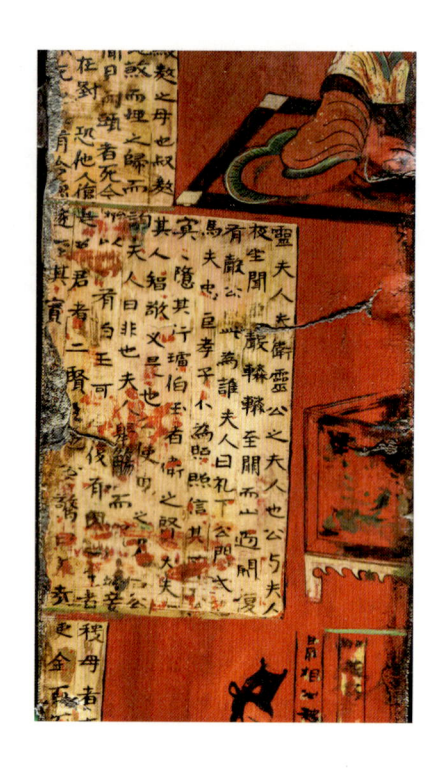

漆屏风画榜题（局部）

北魏

山西大同石家寨村北魏司马金龙墓出土

  此屏风画榜题是不可多得的北魏墨书真迹，较典型地反映出汉隶向唐楷演变中的魏书发展面貌，其数量之多、技艺之精、风格之新，让人为之惊叹，在书法史上的意义极为重大。

  榜题文字气息古雅端庄，雍容秀丽，沉稳中又带有活泼率性。用笔上，笔势开张，点画清秀俊挺。从整体上看，点画多为楷书笔法，七分楷三分隶，楷隶间杂。起笔和收笔方中见圆，自然顺畅，楷化意味非常浓厚。撇捺率意舒展，用笔干净利索，撇画瘦劲有力，捺笔俊朗沉着；字的折肩部分顿笔呈方形，完全为楷书笔式；一些横画还存有典型的隶书笔意，是具有楷书化倾向的蚕头雁尾；竖画多为垂露竖的写法；钩已经完全是楷书的用笔方式。

韩弩真妻王亿变墓碑

北魏
高44cm 宽24cm
山西大同古城东南出土

此碑记："维大代兴安三年，岁次鹑火，春正月己亥朔廿六日，冀大幽州范阳郡方城县民，平远将军，平国侯韩弩真故妻王亿变，春秋六十有二，寿终。故建立斯碑以记之耳。"

此碑碑文九行，凡63字。铭石尺寸不大，却是标准的碑形。上部为圆弧形，刻有双龙交尾戏珠螭（chī）首图案，图案下为"平国侯韩弩真妻碑"八字篆额，是魏晋常见的具有装饰意味的倒薤（xiè）篆，虽略显草率，却颇为生动。

铭文为森严峻整的隶意楷书，结体为方形，具较明显的楷书特点，方折、方挑和捺脚都是当时手写体中才可以看到的楷法，多数长横两头双翘，这是北魏早期即平城时期铭刻书迹的标志性特征，而横笔竖画的方起，则是出现于其后的魏碑北邙体的突出特点。

总体看，此石书刻都很精到，书体规范整肃、方直挺拔、简洁清峻。形端体正，举止平和，堪称平城墓铭中的上乘之作。

铁笔铭刻佳作传

小知识：墓志墓砖铭

墓志铭和墓砖铭是置于墓室载有逝者生平传记的刻文。在大同发现的北魏平城时期碑刻就有为数不少的墓志和墓砖铭文，不仅补北魏史志的不足，而且对揭示魏碑源流、研究平城魏碑的书法艺术大有裨益。

魏都平城

君行贞敏入宦门

申洪之墓铭

北魏
高60cm　宽48cm
山西大同桑干河南岸出土

　　此墓主人申洪之，河南安阳人，曾祖申锺曾任前赵的司徒，本人曾在北魏太子身边任职。

　　墓铭正文中，石刻书法的字体多变，楷隶、方笔魏书、隶意楷书均有出现，与墓铭书丹单一字体的惯例不符。原因无从得知。但从隶书到魏碑，北魏的书法正在演变的潮流趋向，在墓铭文字中可见一斑。

　　正文里，提到了申洪之做官的道德优势，说："君识干强明，行操贞敏；孝友慈仁，温恭惠和；兄弟同居，白首交欢；闺门怡怡，九族式轨。是以权才委任。"这些"温良恭俭让"的品质，是儒家提倡的做人要义。可见，北魏朝廷用人以品德为先，官员选拔标准已然汉化了。

　　碑文后记说，这葬地20顷土地，是申家在其去世前21年，以100匹官绢的价格，从当地地主手里买来的。据推算，这块桑干河以南的土地，每顷为2500钱或5000钱。这也算是在魏都核心地段以高价位入市购地了。

小知识：瓦文墨书

　　北魏平城时期瓦文、题记形式多样。平城遗址出土的"大代万岁""皇魏万岁"等皇家文字瓦当，或楷或隶或篆，各呈其妙，展示了当时瓦当制作的高超艺术水平。明堂和操场城宫殿遗址的瓦削文字为工匠题记，行笔或流畅或朴拙，反映早期魏碑的雏形。司马金龙墓木板漆画题字以方笔楷书写成，更具观赏和研究价值。

"传祚无穷"瓦当

"富贵万岁"瓦当

"皇魏万岁"瓦当

"大代万岁"瓦当

一瓦飞云寓吉祥

吉语瓦当

北魏
直径13.3~21cm
大同市博物馆藏

　　北魏平城这四件吉语瓦当，从书法表现上看极富创造性。隶、楷、篆、草诸体兼备，多为隶书，有的稍用楷笔，有的略呈篆意，呈楷笔隶书或隶意楷书或隶篆书。结体宽博方正，朴茂自然。用笔方圆并使，线条粗细适中，笔画挺劲浑厚。总体上来看，字体有从简趋势。

魏都平城

北朝文苑

北魏文学风格粗犷、语言质朴，感情真挚。脍炙人口的民歌《木兰辞》《敕勒歌》，文采飞扬的文赋《水经注》《鹿苑赋》反映了当时的精神风貌和时代特征。

木蘭辭

唧唧復唧唧，木蘭當戶織。不聞機杼聲，惟聞女嘆息。問女何所思，問女何所憶。女亦無所思，女亦無所憶。昨夜見軍帖，可汗大點兵，軍書十二卷，卷卷有爺名。阿爺無大兒，木蘭無長兄，願為市鞍馬，從此替爺征。

東市買駿馬，西市買鞍韉，南市買轡頭，北市買長鞭。旦辭爺娘去，暮宿黃河邊，不聞爺娘喚女聲，但聞黃河流水鳴濺濺。旦辭黃河去，暮至黑山頭，不聞爺娘喚女聲，但聞燕山胡騎鳴啾啾。

萬里赴戎機，關山度若飛。朔氣傳金柝，寒光照鐵衣。將軍百戰死，壯士十年歸。

歸來見天子，天子坐明堂。策勛十二轉，賞賜百千強。可汗問所欲，木蘭不用尚書郎；願馳千里足，送兒還故鄉。

爺娘聞女來，出郭相扶將；阿姊聞妹來，當戶理紅妝；小弟聞姊來，磨刀霍霍向豬羊。開我東閣門，坐我西閣床，脫我戰時袍，著我舊時裳。當窗理雲鬢，對鏡帖花黃。出門看伙伴，伙伴皆驚忙：同行十二年，不知木蘭是女郎。

雄兔腳撲朔，雌兔眼迷離；雙兔傍地走，安能辨我是雄雌？

第五单元
墓葬习俗

　　中国古代信奉"事死如生",故重厚葬。北魏定都平城后,鲜卑墓葬亦渐趋同汉制。大同北魏墓葬众多,既有规模宏大的帝王陵冢,也有随葬简单的平民墓穴,可谓当时社会的缩影。枕山际水的永固陵园,著名的司马金龙墓和宋绍祖墓,以及马铺山南的王公贵族墓,似乎是无言的史著,记录着北魏时代民族大融合与社会繁荣的盛况。沙岭壁画繁缛(rù)华丽,家居野宴,车马出行,庖厨炊作,伎乐百戏,林林总总,一派现实世界的写照,展现了鲜卑民族的生活风情。

> **小知识：镇墓兽**
>
> 　　镇墓兽是古人认为可以镇慑鬼怪、守护灵魂的一种明器。通常，人面镇墓兽与兽面镇墓兽成对出现于墓门两侧，寓意为一智一勇。
>
> 　　镇墓兽最早见于战国楚墓，流行于魏晋南北朝和隋唐，北朝时期是镇墓兽从兽面向人面转化的关键时期，五代以后逐渐消失。

神犬引领通永生

釉陶镇墓兽

北魏

高34cm　长49cm　厚20cm

山西大同石家寨村北魏司马金龙墓出土

　　这件釉陶镇墓兽，人面兽身，前肢站立，后肢蹲坐于长方形底座上。俯首低头，人面丰腴，粗眉弯曲，双目圆睁、鼻梁直挺。周身施黑褐釉，面涂白粉，唇部涂红彩，双耳后抿，头有髻（jì）状角，颈脊上有五个等距离安插鬃毛的长孔。前足为马蹄，后为犬腿，身上遍涂白色鱼鳞片纹。

　　镇墓兽在墓葬中不仅是做镇守、守卫之用，还会担当引导亡者灵魂的使命。这件人面镇墓兽整体形态似犬，犬类在鲜卑人的信仰中，扮演的就是引导灵魂的角色。它俯首的样子，不像昂首的镇墓兽般威风凛凛，做拒敌之姿，而更像是表现一种"服从"或"臣服"的意味，其姿态应是代表"服从"的神犬。

人面兽身镇墓门

彩绘陶人面镇墓兽

北魏

长55cm　高31cm

山西大同云波里华宇工地出土

　　这件镇墓兽通体施彩绘，人面兽身，人面部涂彩，高鼻深目，耳若元宝，低头颔首拱肩，头顶有髻状角，躯体腿足绘有带状红彩，四肢站立，颈肩强壮，背和足部施有数条带状红彩装饰，兽尾卷曲耷在股部，整体象征着一种超强的威力。

魏都平城

神威凌厉伏魔邪

彩绘镇墓兽

北魏

长37cm 高33cm 宽19cm

大同市博物馆藏

这件彩绘镇墓兽，造型威猛，看上去有些像现在的斗牛犬。通体施红色带状彩绘，前腿站立，后腿作蹲卧状。凸弯眉，圆眼鼓起，鼻孔上翘，嘴巴大张，舌头外伸，像是在对入侵者吼叫示威。其形象生动逼真，给人以震慑、威猛之感，具有强烈的冲击力。

士气昂扬佑家乡

彩绘镇墓武士俑

北魏

宽20cm 高60cm

山西大同云波里华宇工地出土

  这两件来自北魏墓中的彩绘镇墓武士俑头戴兜鍪（móu），国字脸，面部涂红，双眉隆起，眼珠鼓鼓，二目有神，高鼻之下留有八字胡须，厚唇大嘴，嘴角上翘，士气高昂；他们都身着铠甲，胸肌高凸，下肘涂着红彩，腰束革带，铠甲由黑线勾描的鱼鳞形甲片编缀而成，双臂伸张，二人呈相对之势，似乎是要与同伴拥抱庆祝一样。他们下身着红色窄腿裤，分腿站立于长方形底盘之上。

  南北朝时期，北魏政权雄踞北方，展开了大征战、大融合的历史格局。在此期间，武士成为稳定政权、保卫边疆，以及攻城略地的重要力量，武士的形象有着明晰的变化趋势，包衣束带是北朝的特点之一，北朝武士的军装衣着和精神面貌在镇墓武士俑这里得以体现。

魏都平城 143

雄风磅礴展威名

宋绍祖墓俑群

北魏
山西大同雁北师院宋绍祖墓出土

　　这组俑群出土于大同雁北师院工地宋绍祖夫妇墓，是墓主人出行仪仗队列的再现。整个队列由骑马武士俑、甲骑具装俑、仪仗俑、披铠步兵俑、牛、马、牛车等构成。以墓主人乘坐的华美牛车为中心，武士俑与先导车前引，重骑兵与鞍马殿后，组成了一支声势浩大的出行队伍。

　　镇墓武士俑立于甬道和墓室南壁两侧，东边为头戴鸡冠形帽的骑马武士俑，步兵俑立于马前，间隔放置气派豪华的马车、牛车行列；两侧有胡人俑似呐喊或鼓吹为出行队伍助威；西边是人马皆着铠甲的甲骑具装，膘肥体壮的鞍马间于

其中，造型敦厚的仪仗俑侍立于周围，组成完整的出行仪仗，按顺时针方向围绕墓室回廊一周，并向墓道方向前行。

各类陶俑均为彩绘写实造型，服饰采用垂裙皂帽，身着袴褶，出行场面和人物服饰反映了魏晋时期的式样和特点；队伍中的陶车模型，制作规整，细节清晰，对于魏晋南北朝时期出行车辆的配置和车制的研究是不可多得的实物资料。

> **小知识：敦煌公宋绍祖**
>
> 宋绍祖是敦煌宋氏大族后裔，北魏太延五年（439年），太武帝灭北凉国，随家族徙至平城，官至幽州刺史，封爵敦煌公，太和元年（477年）卒。其墓2000年发现于雁北师院工地。墓中出土的精美石椁，为仿木构三开间单檐悬山顶式前廊后室建筑，再现了北魏民居瓦屋样式；仪仗陶俑排列有序，充分展现了王公贵族出行阵容的威严尊崇。

第六单元
恒州故都

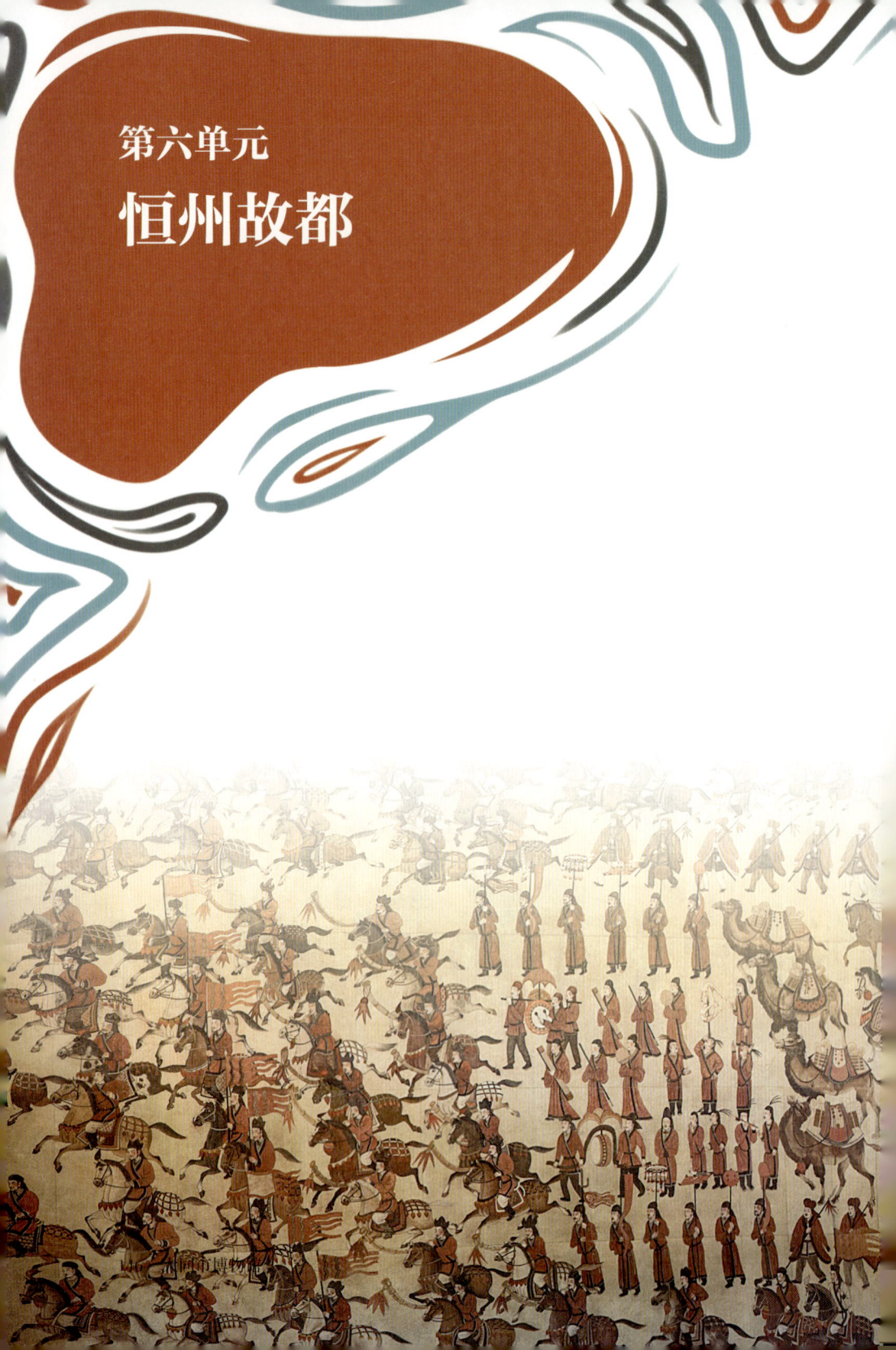

494年，孝文帝迁都洛阳，平城改为恒州。不少贵族耆老怀念鲜卑旧俗，羁留旧都，平城经济文化发展缓慢，汉文化影响减弱。仅数十年间，平城脱离北魏政治文化中心，丧失其重要地位。恒州时期，民间崇佛活动仍热情高涨，云冈石窟晚期"秀骨清像"风格形成，至今仍然动人心弦。北魏末，先是柔然进逼，继而六镇之变，恒州陷入长期战乱。526年，一代帝都平城，在战火中沦为废墟。八年后，北魏王朝终结。

北魏银耳杯

北魏
长12.9cm　宽7.2cm
大同市博物馆藏

　　耳杯，又称羽觞（shāng）、羽杯，古代饮酒或盛食物的器皿。"羽觞"名称的由来，因其形状似爵（雀），两耳象雀之双翼。王羲之《兰亭集序》中所说"流觞曲水"中的"觞"指的就是耳杯。其材质有漆、铜、金、银、玉、陶等多种。

　　这件耳杯为银质，手工捶揲（yè）而成。侈口窄唇，弧形深壁，两端上翘，两边有半月形双耳，微微下倾略低于杯口，杯底有椭圆形圈足。耳边和圈足有联珠纹。这件耳杯做工别致精湛，上边的装饰纹样显然受到西域文化的影响。

联珠浮光入羽觞

陶辟雍砚

北魏

直径20.4cm　高8cm

大同市博物馆藏

辟雍砚又叫璧雍砚、辟水砚，是南北朝至唐初盛行的一种砚式。多为陶瓷质，圆形，砚面凸起，砚面与砚壁之间形成一圈环形砚池，砚足一般为蹄形、水滴形或圈足。因形制类似于周代礼制建筑"辟雍"，故称"辟雍砚"。所谓"辟雍"，原指周王朝为贵族子弟所办大学，因四面环水，形如玉璧而得名。

辟雍砚区别于其他砚类最显著特点，即其下有足。砚足种类多样，一般以兽蹄足为主，具有仿生含义，兼具锥状足、水滴足、柱足等，足的数量上也是三足、四足，甚至多达二十足以上不等。

这件辟雍砚，灰陶制成，圆形，下有多足支撑，为较明显的兽蹄状。砚面平整，砚墙边缘有缺损。质地细腻，造型简单，便于磨墨，应为当时的实用之器。

四面环水如玉璧

魏都平城

辽金西京

　　辽会同元年（938年），后晋石敬瑭割燕云十六州给辽，大同从此划入辽的版图。重熙十三年（1044年），升云州为西京大同府，大同为辽五京之一。金承袭辽制仍设西京于此，元至元二十五年（1288年）改西京为大同路，大同作为辽金陪都近200年。

　　辽金西京辖地较广，如辽西京道共辖一府、六州、八县。府：大同

府。六州即六个节度州：丰州、云内、奉圣、蔚、应、朔。八县即八个刺史州：弘、德、宁边、归化、可汗、儒、武、东胜。另有天德军节度使、金肃州、河清军等。大同处于中原汉族和草原民族的交汇地带，既是胡汉密集交融之地，又是中原通往西域及与各少数民族交流的重要交通枢纽。尤其是辽金陪都地位的确立，使大同府不仅成为代北的区域政治中心，同时也是辽金最重要的经济文化中心，从而有力地推动了这一地区的社会发展，促进了各民族之间的融合交流，加快了少数民族的封建化进程，为大同古都的灿烂文明奠定基础。

第一单元
唐代云州

唐代初年，北方突厥等少数民族逐渐强盛，并相继南下占据大同地区，大同遂成为北方少数民族南下中原，胡汉各族力量角逐的战场。

唐末，西突厥沙陀人李克用占领大同，以大同军防御使留后（代理防御使）自居。1989年，李克用墓在代县七里铺村被发现并发掘，有墓志出土。

唐代大同被称为云州，属云中郡，作为边地重镇，有大同军城常设，时有烽警。唐末五代，云州几度易手，战事惨烈。最终沙陀人李克用以大同为基地，进而盘踞晋阳，称雄藩镇，奠定后唐王朝。唐代云州城即在北魏平城的旧城基础上改造而成，城内街巷为"里坊"布局，今旧城内东南一带街巷格局为其形式遗留。近世以来，大同唐代遗存多有发现，大量的墓志、石刻、铜饰相继面世。特别是种类繁多的铜镜，精巧富丽，流光溢彩。

鎏（liú）金錾（zàn）花银花口碗

唐代

口径21.2cm　底径12cm　高8cm

征集

此碗是波斯萨珊王朝的产品，银质，葵口（圆形器口做等分的连弧花瓣状，形似秋葵花），圆底，通体鎏金，器内底饰一周花瓣纹和联珠纹，中央捶揲（yè）双鸟纹，四周錾刻花卉纹。器物雕刻精湛，构图精美，是唐代艺术珍品。

波斯萨珊王朝是最后一个前伊斯兰时期的波斯帝国，国祚始自公元224年，651年亡。它所处年代对应到中国的三国、魏晋南北朝时期、隋及唐初。萨珊王朝金银器的工艺、特征和装饰题材，对北朝与初唐的金银器制造有着较大的影响。

波斯葵花落他乡

辽金西京　153

护佑魂灵震八方

石雕力士像

唐代

高62cm

山西大同左云县出土

石雕力士像由青石所制，头戴宝冠，身披天衣，上身赤裸，下身穿大裙跨步而立，怒目圆睁，周身肌肉高凸，苍劲有力，其中一力士右臂屈曲握拳，左手提一长剑，姿态傲然，给人以威风凛凛之感。

力士像一般摆放于墓室前堂对着墓道入口的地方，用于保护死者灵魂不被方良等怪物侵扰，以及震慑盗墓者。金刚力士是佛教护法神，一般立于佛的两边或者是殿堂的四个角。

小知识：力士

"力士"一词在中国历史记载中，为力气很大的人，它是与佛教有关的词语及形象，在国内流行，是中西文化交汇融合的产物。

中国式样的金刚力士形象，最早出现于北魏大同云冈石窟。云冈石窟中的力士，仍是中亚人种式样的面孔，但身体与衣着已为汉人样式。

镜上忽闻葡萄香

海兽葡萄纹铜镜

唐代

直径20cm

征集

  海兽葡萄镜是唐代一种非常典型的器物，可以说是唐代镜的新类型，它把汉代常用的海兽纹和葡萄纹融合在了一起，而且图案多变化。

  葡萄这种水果是汉武帝派张骞出使西域引种成功的，所以当时的丝织物上已有葡萄纹样的踪迹，到了唐代，大量出现在铜镜上。

  此镜厚重且质地泛白，有轻微铜绿。最内圈以大海兽为中心，小海兽、花鸟蜂蝶等图案穿插出现环绕四周，呈众星捧月的样式，华丽而繁缛（rù）。其构图方式分作内外两圈，由于葡萄及长瓣花之枝蔓由内圈连亘于外圈，甚至延及外缘，故世人亦称此种铜镜为"过梁葡萄纹镜"。

辽金西京 155

却对菱花淡淡妆

花鸟纹菱花铜镜

唐代
直径14.4cm
山西大同雁北地区物质局送交

  4000年前，中国古代已经出现铜镜，时人使用青铜磨亮当镜子，被称为"鉴"。汉代以后，铜镜便成为人们必不可少的一项生活用具，唐代是中国铜镜制作的鼎盛时期。

  此镜呈八出瓣菱花形状，弧度流畅，圆形钮座。座外一周凸弦纹，内侧由花鸟图案相间组成，外侧用花蝶纹装饰，整个镜纹刻画得非常细腻且自然柔美，是典型的唐代花鸟镜。虽然，镜已略生铜绿和锈斑，但保存相对完好，图案清晰可辨。

  古代的铜镜不仅可以用于正衣冠，也是男女间爱情的信物，用以表达朝思暮恋的情感。"镜与人俱去，镜归人亦归"，成语"破镜重圆"就是以镜为信物，喻夫妻离散或决裂后重又团聚或和好。

携壶对饮看流云

三彩执壶

唐代

口径6.1cm　底径7.5cm　高18cm

大同市博物馆藏

　　唐三彩是盛行于唐朝的一种低温釉陶器,釉彩有黄、绿、白、褐、蓝、黑,因以黄、绿、白三色为主,被称为唐三彩。

　　执壶的造型起源于青铜器,南北朝早期青瓷中已然有了执壶的身影,于唐宋两代时期成为金银器中的一种酒具,在唐代的绘画中很常见。

　　三彩执壶,陶制,壶身呈瓶形,撇口、长颈、削肩、大腹,足底短小。壶口处黄、绿、白三种颜色纵向均匀分布;腹上则以白色为底,绿色和黄色呈不规则流体状,有着自由洒脱的气息,造就了这独一无二的三彩执壶。

辽金西京

第二单元
西京遗构

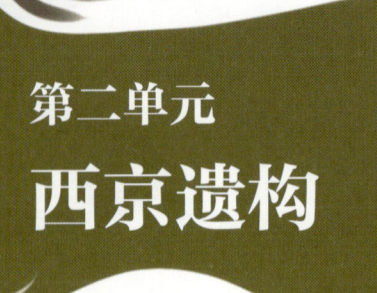

大同作为辽金陪都近两百年,既为辽金的军事前沿重镇,亦是两朝重要的经济文化中心。在这里,豪放的草原风格与深邃的华夏文明接洽成型,造就了西京文化的独特内蕴。大同辽金建筑就是这种独特文化的代表作:气概雄壮的华严寺大殿,结构高峻的应县释迦木塔,建筑技艺至今令人惊叹。那些奇异唯美的单檐庑殿,匠心独具的琉璃鸱(chī)吻,雕刻华丽的天宫楼阁,构筑秀逸的藏经木阁,奇凌宏美的佛宫寺塔,无不体现草原民族对晚唐遗风的浑然相承和发扬光大。

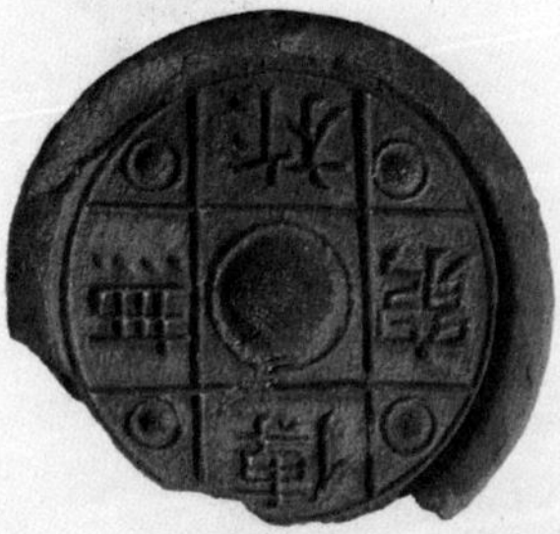

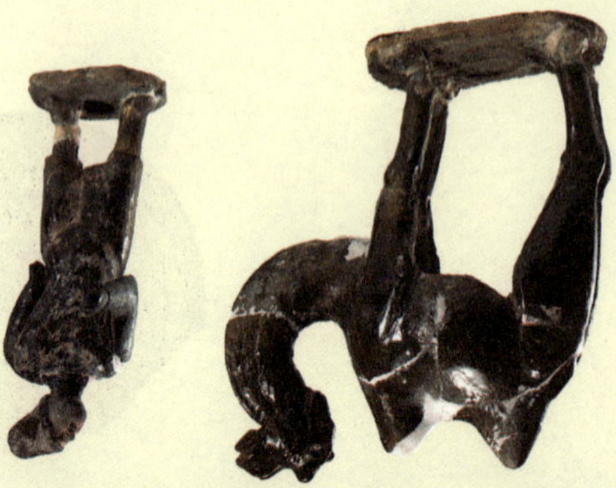

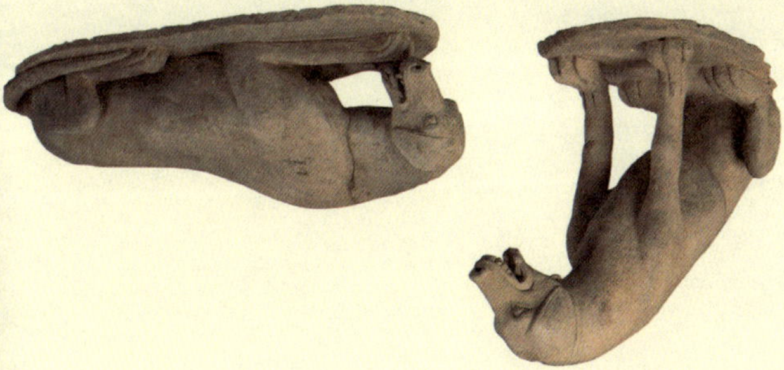

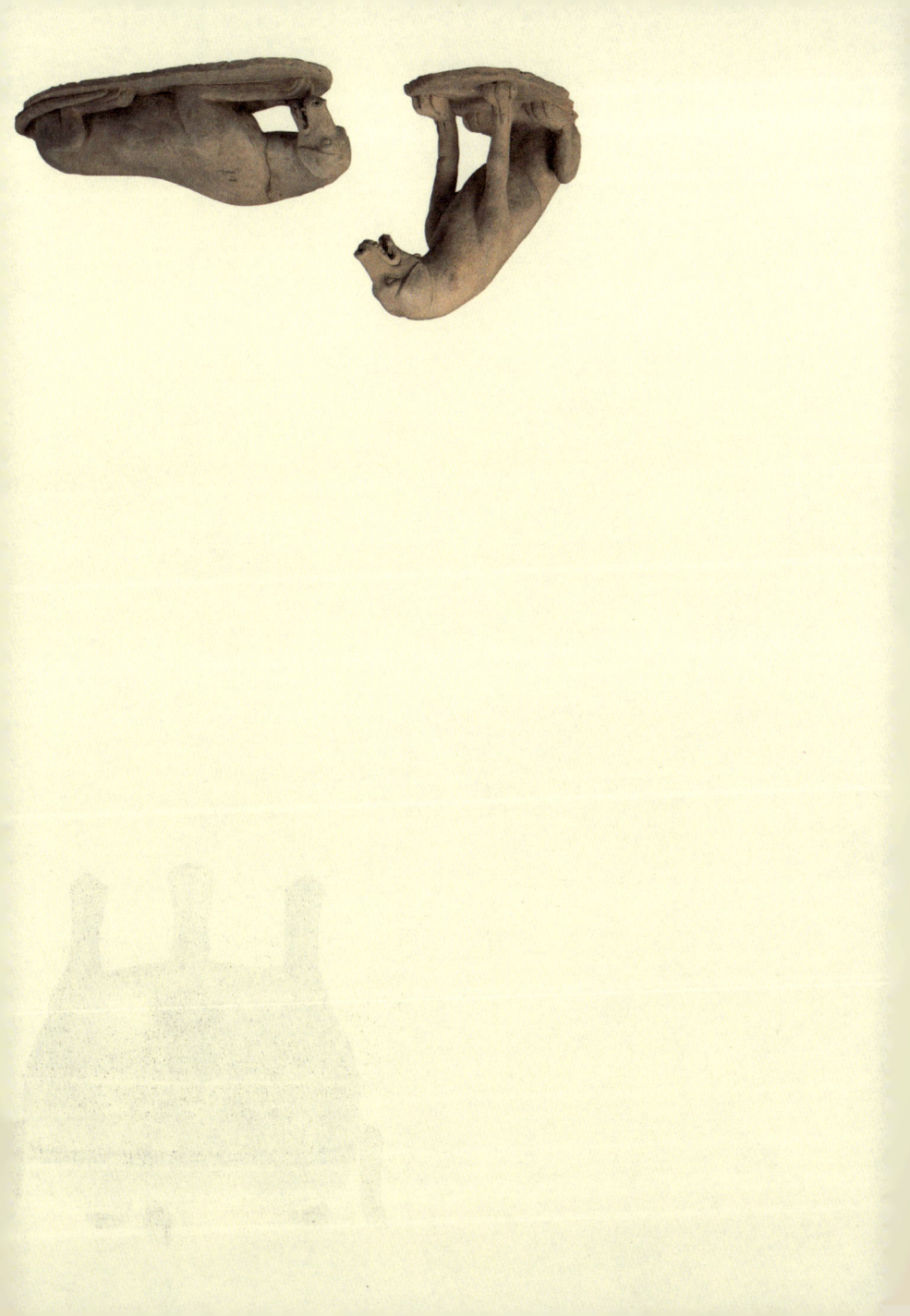

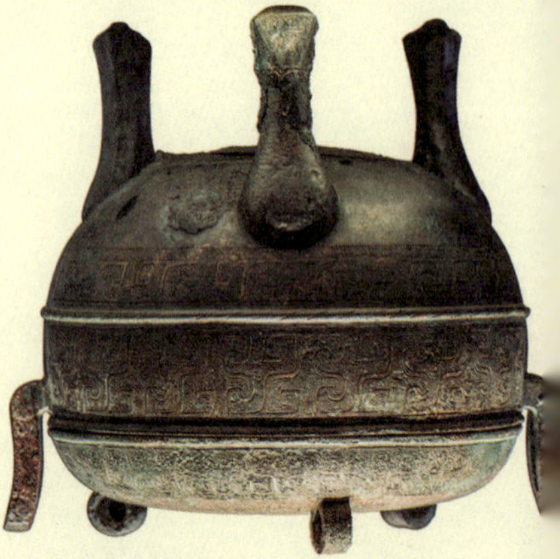

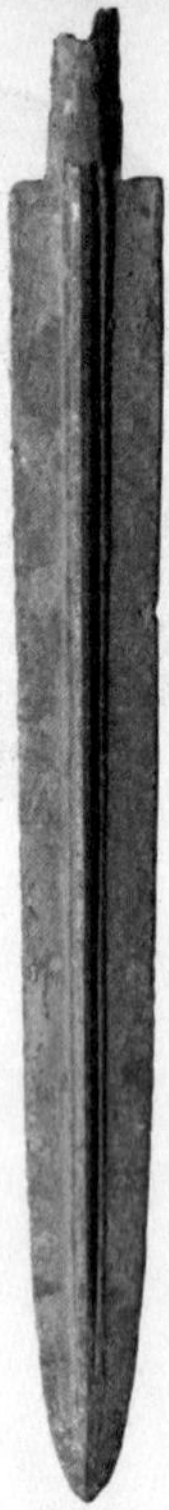

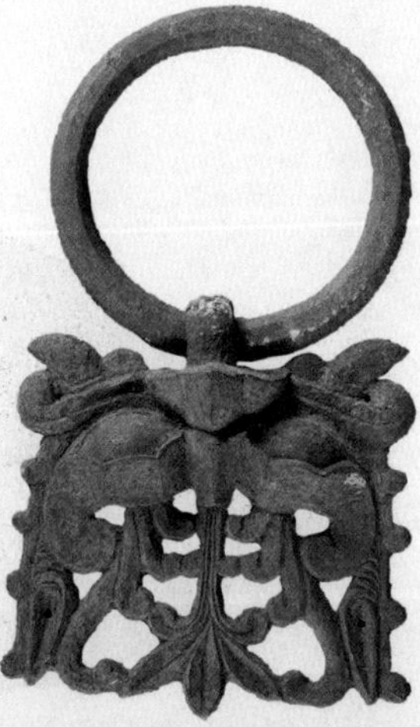

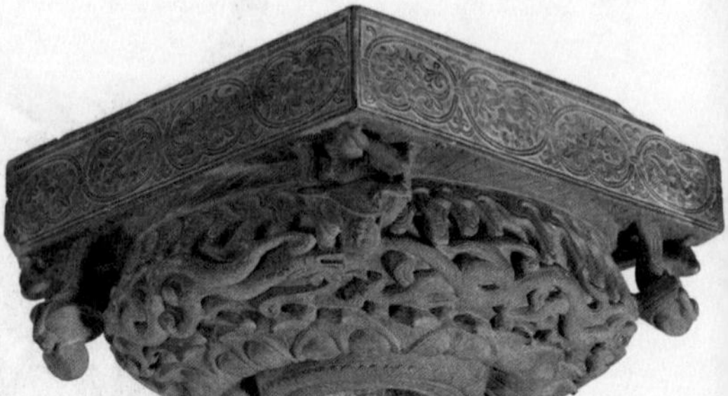

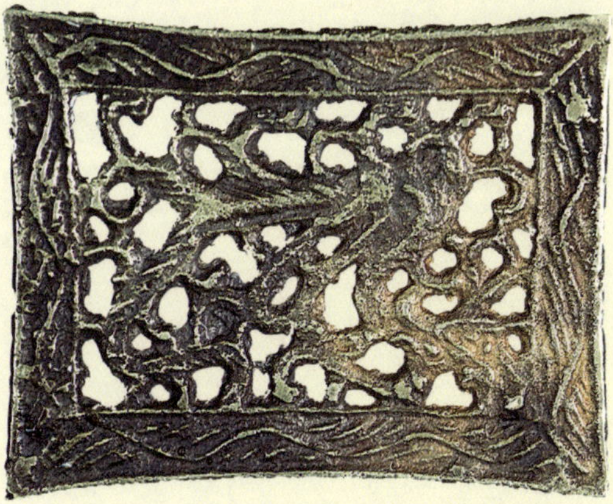

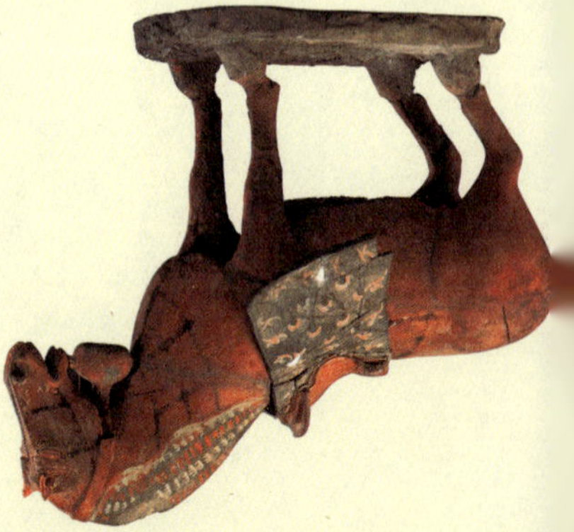

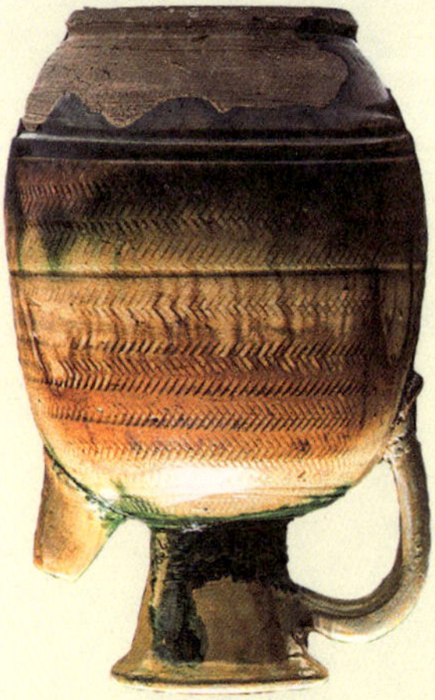

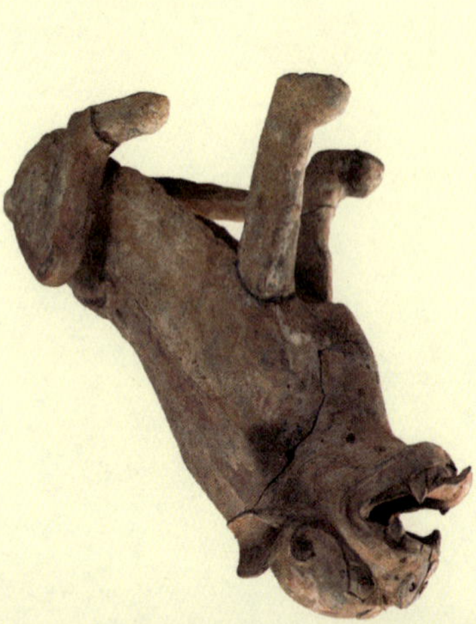

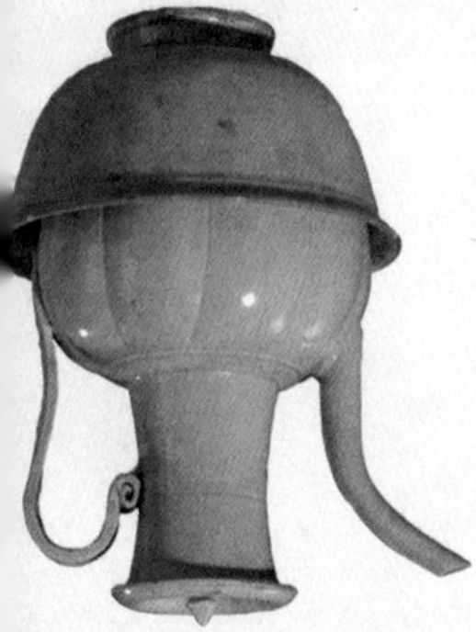

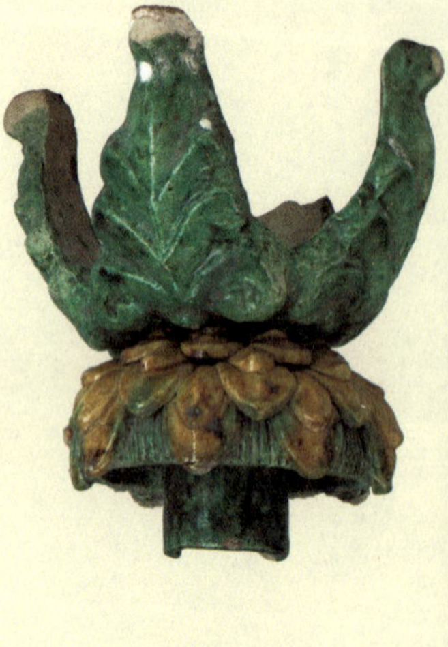

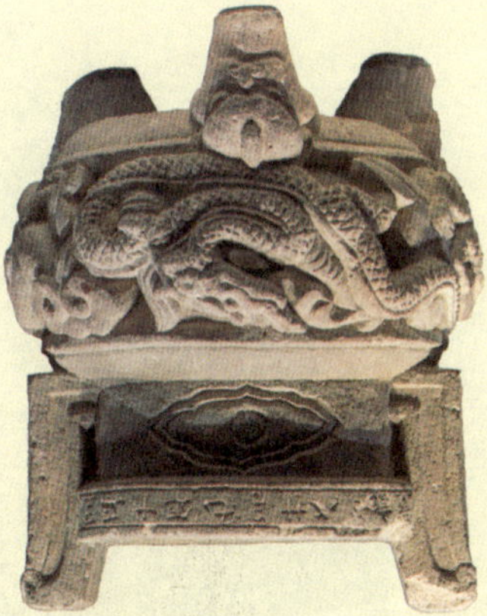

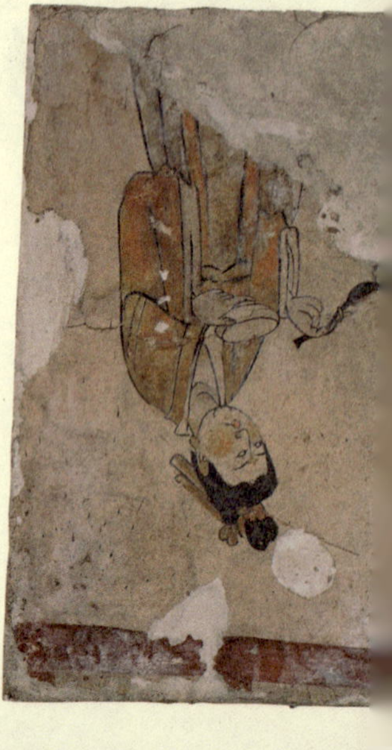

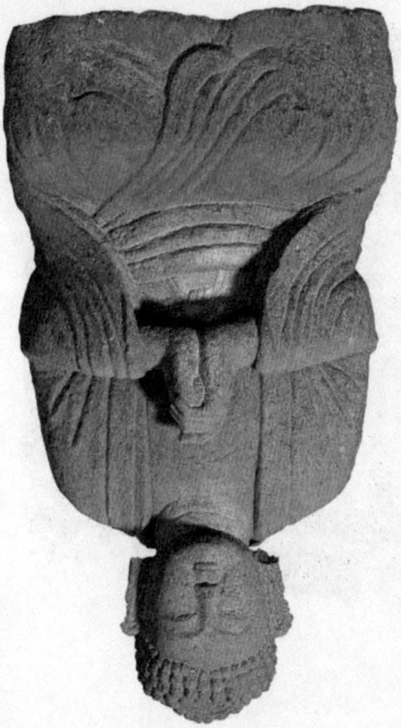

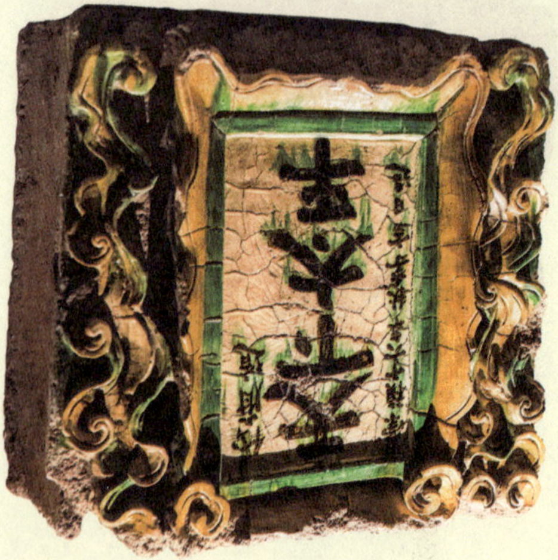

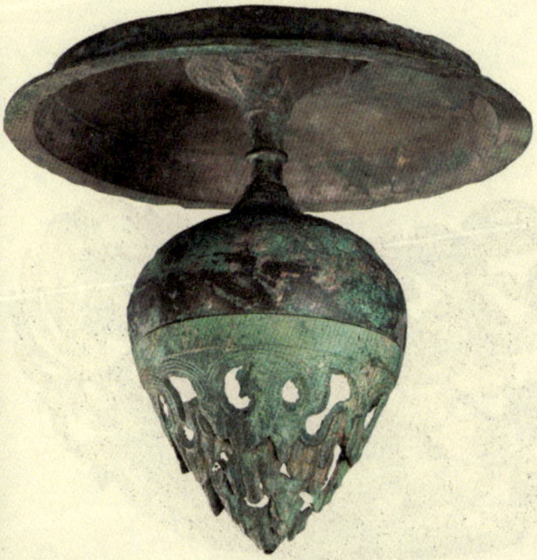

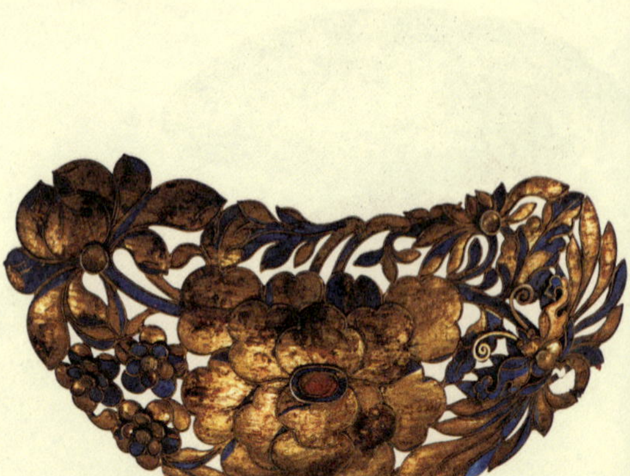

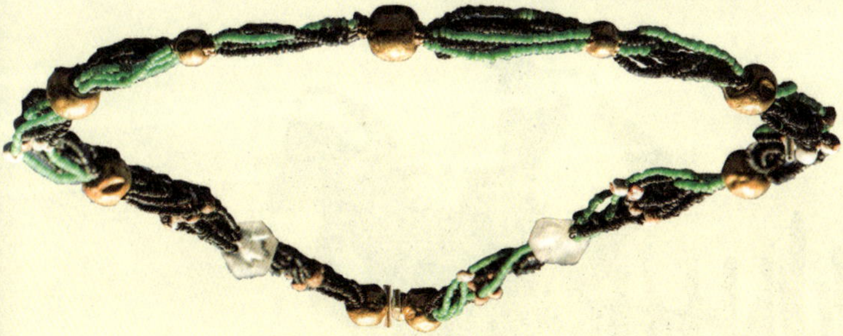

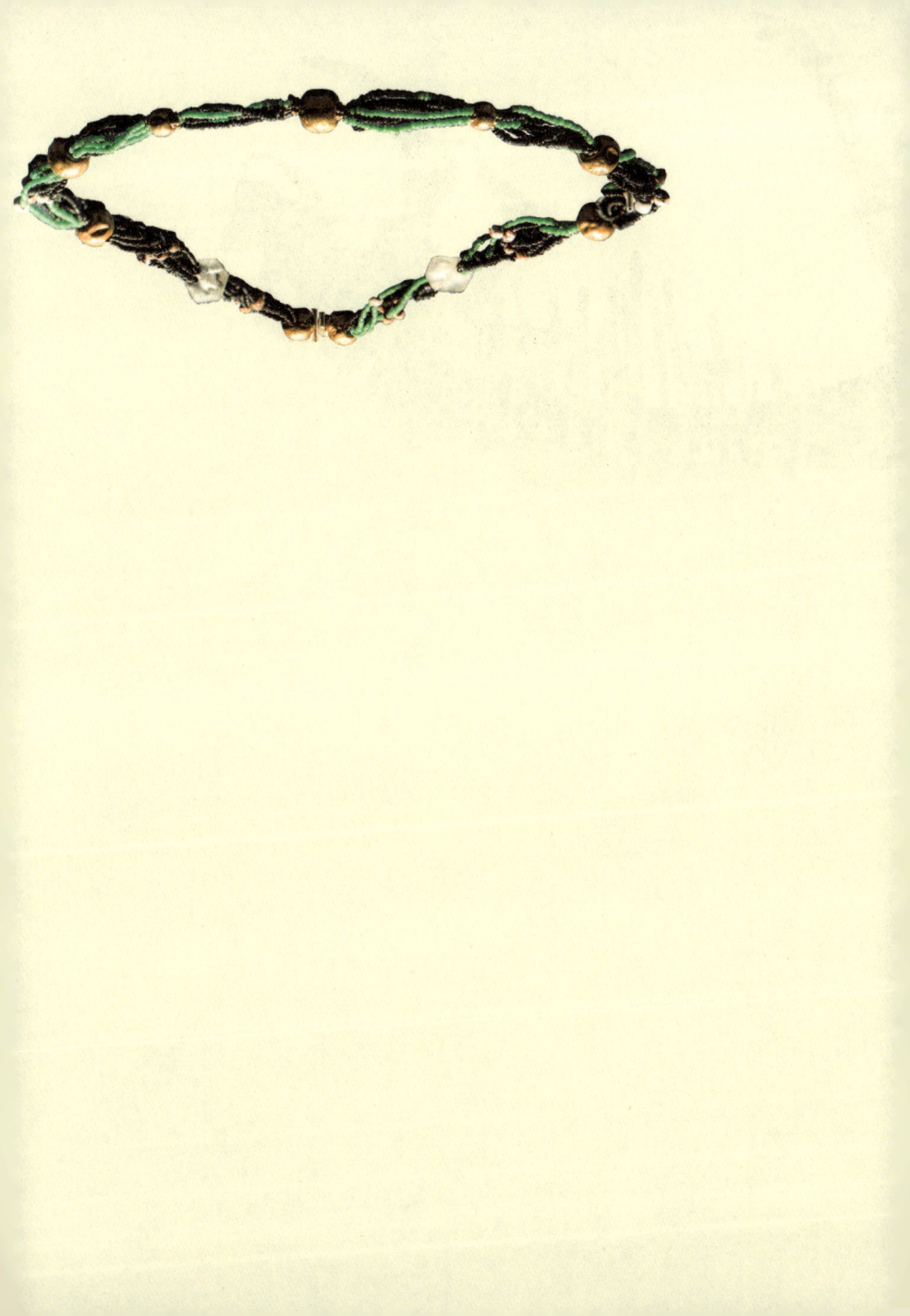

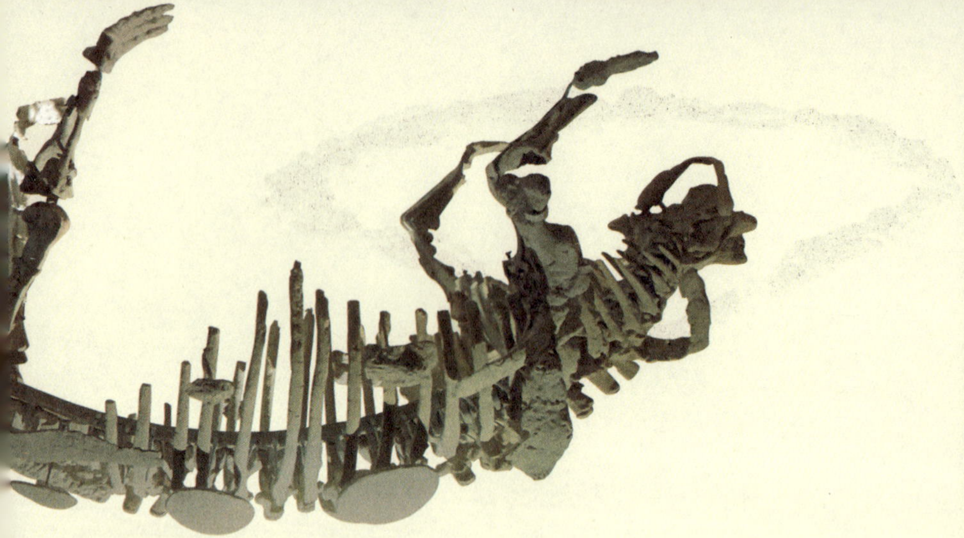

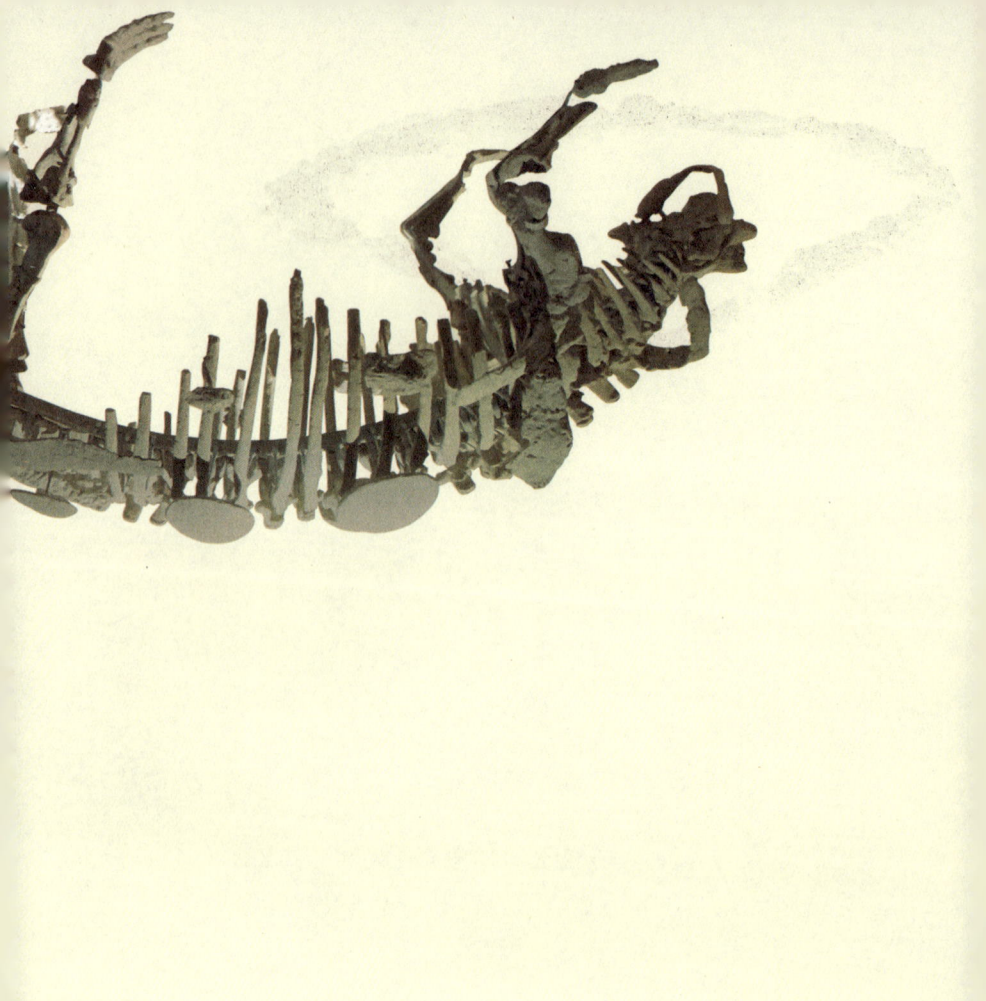

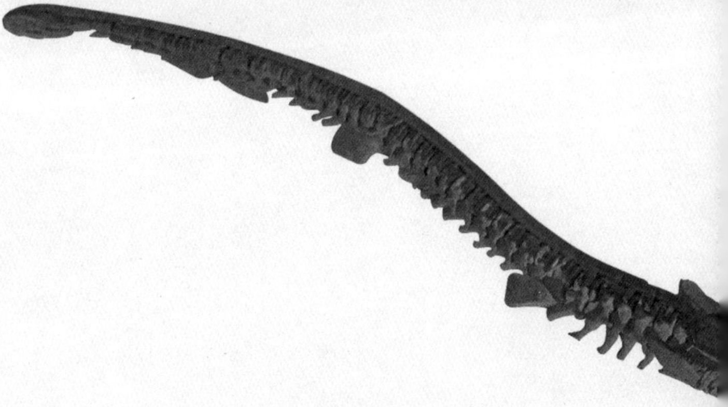

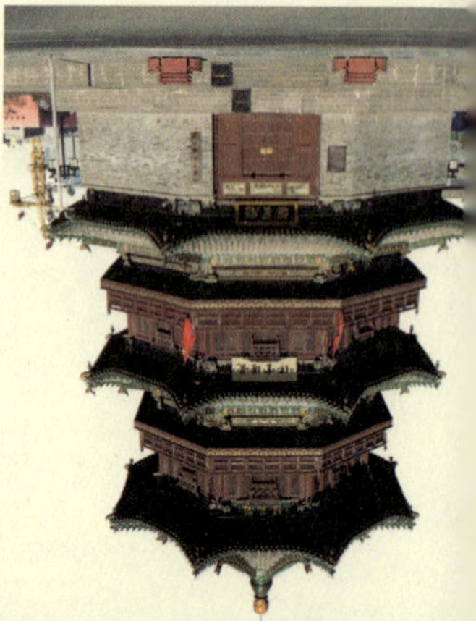

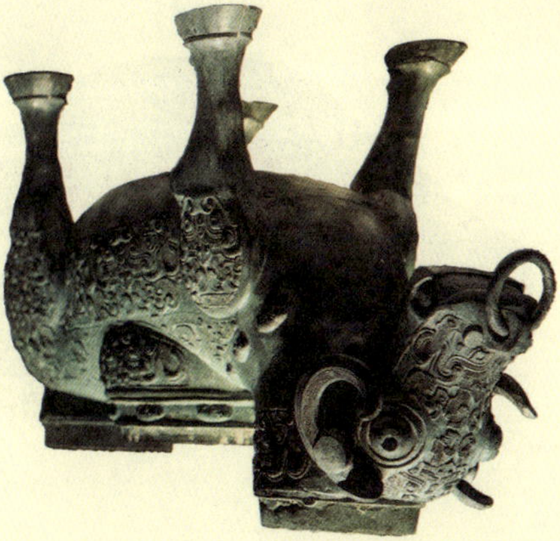

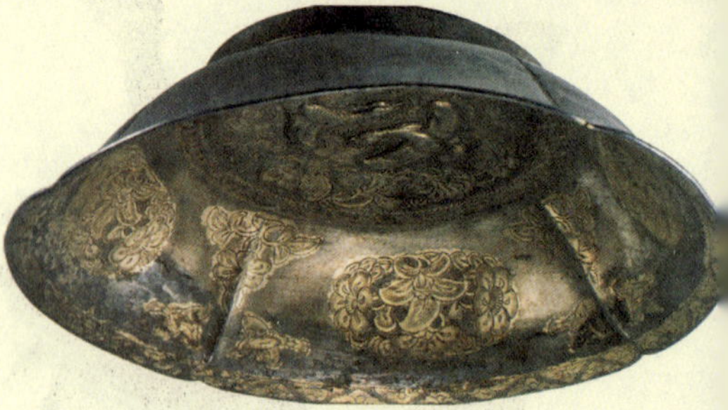

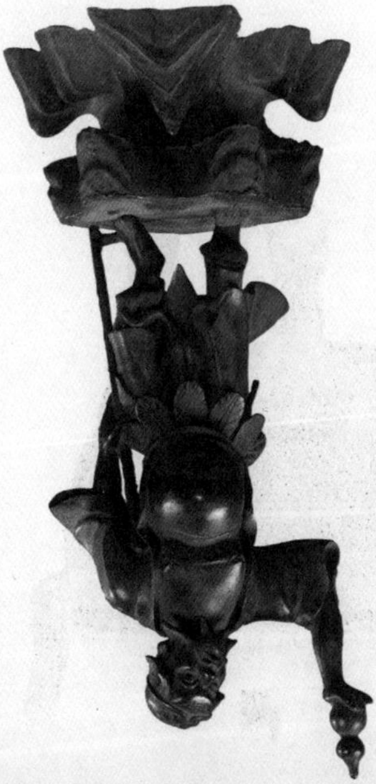

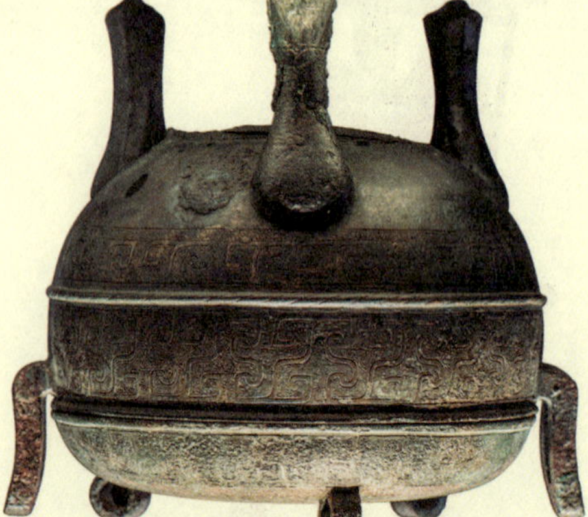

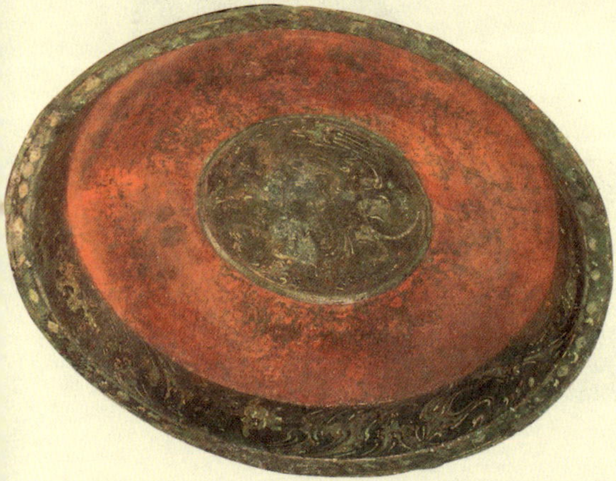

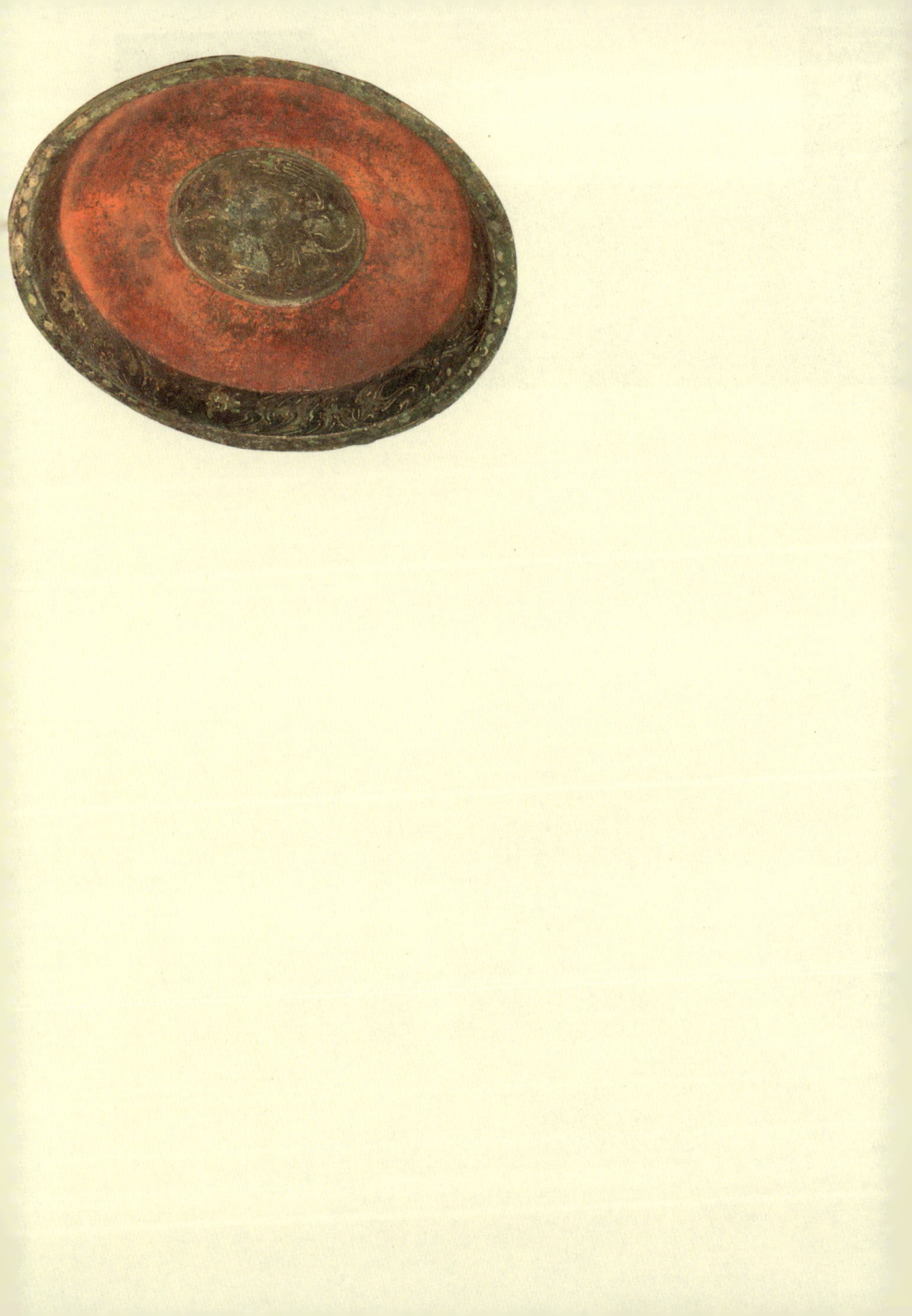

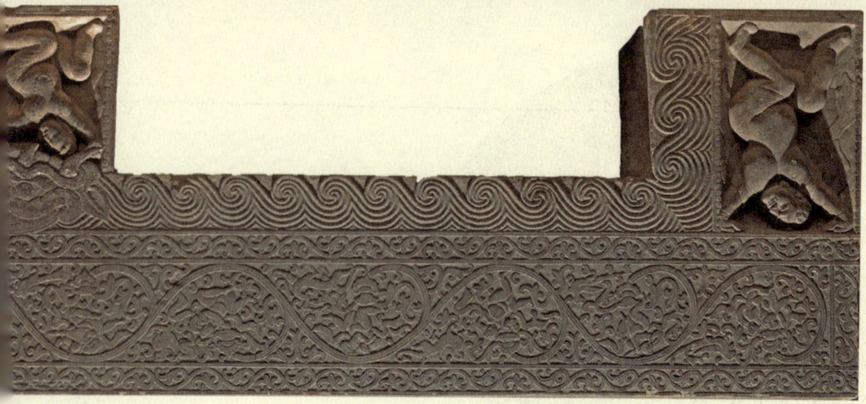

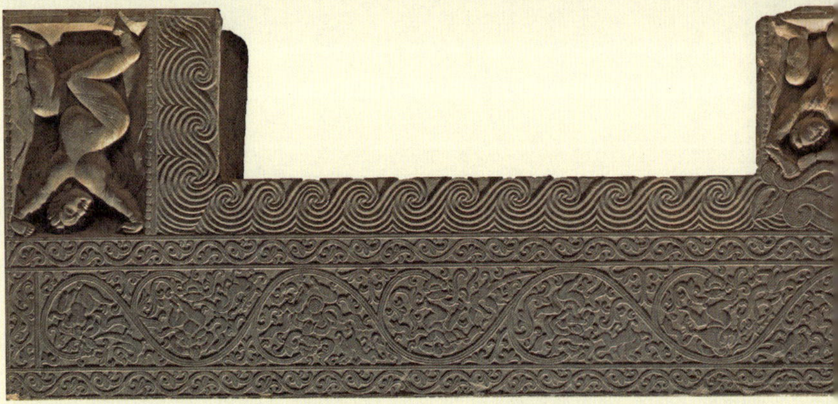

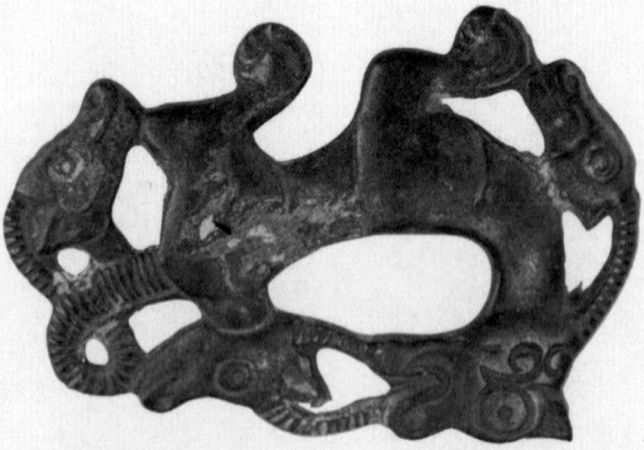

辽金元大同城

辽始设五京之制，即上京临潢府（今内蒙古巴林左旗东南），东京辽阳府（今辽宁辽阳），南京析津府（今北京西南），中京大定府（今内蒙古宁城县西南），西京大同府（今山西大同市）。

元代大同路辖区图

宗教建筑遗构

辽金元西京佛、道盛行，各阶层普遍信奉，皇室、贵族大力捐资，出现了一大批宗教建筑。辽金寺院布局疏朗，台基高大，举折平缓，出檐深远，斗拱硕大，多用斜拱，室内常用减柱、移柱法。西京遗存的寺塔建筑除佛宫寺木塔外，还有大批的密檐式砖塔。

辽金西京　159

大雄宝殿（模型）

长250cm　宽250cm　高100cm

此为华严寺大雄宝殿的等比例缩微模型。

大同华严寺，依据佛教的七大宗之一华严宗的经典《华严经》修建，故名华严寺。大雄宝殿是华严寺内的主要建筑，始建于辽，金依旧址重建，大殿面宽九间，进深五间，面积1559平方米，是我国现存辽、金时期最大的佛殿，同时也是我国大佛殿之一。薄伽教藏殿，存放佛经的殿堂，为国内仅见之辽代小木作，堪称艺术珍品。

辽金西京佛道盛行，宗教建筑林立。大雄宝殿呈现了辽金寺院布局宏大、台基深阔、斗拱巨制、出檐悠远等特色。宝殿内的建筑、塑像、壁画、壁藏、藻井等，是我国辽代艺术的典范。

雄殿巍巍越辽金

厅堂楼阁承唐风

普贤阁（模型）

长81.5cm　宽81.5cm　高110cm

　　善化寺，始建于唐开元年间，明代修缮，是中国现存规模最大、最为完整的辽金时期建筑。

　　善化寺西侧为金贞元二年（1154年）所建的普贤阁。普贤阁为重檐歇山顶楼阁，面阔三间，进深三间四架椽（chuán），外观结构灵透，比例协调，玲珑隽秀。其最引人注目的地方是其结构，有研究者将其称为厅堂型楼阁，但从普贤阁的整体构架来看，它更多地体现了殿阁式楼阁建筑的结构特征。

　　20世纪30年代梁思成先生来大同调查，发表的《大同古建筑调查报告》对普贤阁第一层檐下的料栱结构有过描述，认为其建筑手法尚存辽式，同时采用平座暗层做法（即两明层之间有一暗层），具备唐代楼阁遗风。

辽金西京

千年木塔第一高

应县释迦木塔（模型）

长2.4m　宽2.4m　高3.6m

　　此为应县释迦木塔的模型。

　　应县释迦木塔（应县木塔）位于山西省朔州市应县，始建于1056年的辽代，千年来，承受过无数天灾人祸，依旧屹立不倒，被称为"中国第一木塔"，是世界上现存最高的木结构古建筑。

　　木塔采用全木结构搭建，其上没有一颗铁钉，3000吨的木材构建凭借着相互咬合，成就了现在的塔身，高达65.84米，共有九层，可容纳1500人同时登塔。塔的内部绘制着三位供养人像，据专家推测，她们是辽代的三位皇后。

　　作为古代的超级工程，木塔的建设组织和资金可能来自一个显赫的家族，即辽国萧姓后族四房之一的拔里氏国舅少父房。木塔兴建前后，该房陆续出了三位皇后、三位封王，权势如日中天，堪称"辽国第一后族"。

观音坐骑魏家神

琉璃犼（hǒu）

金代

高90cm

山西大同北郊慧泉寺遗存

  犼是中国古代第一凶兽，又叫望天吼，极具灵性。民间有"一犼可斗三龙二蛟"之说。犼的来历，一说是盘古开天地后，身体演化成四位古神，犼就是其中之一。

  琉璃犼黄绿配色，除毛发和身体、五官的轮廓是绿色外，通体为黄色。琉璃色彩光鲜，釉色反光。犼头微抬，眼圆瞪，发直竖，口微张，爪趴伏，身蜷曲，足盘踞，面向前方，专注严厉，不怒自威。琉璃犼身体比例得当、鳞爪细节鲜明，体现了较高的艺术水准。

  "先有慧泉寺，后有华严寺"，此琉璃犼就出自比华严寺还早的慧泉寺。

  慧泉寺遗存中为何有"犼"这样的神兽？原因大概有三：北魏统治者拓跋氏乃北方民族，视犼为其图腾，将其供奉寺院；观世音的坐骑为犼，

辽金西京 163

佛家的神兽在寺院合情合理；鸱是沟通阴阳的神灵，慧泉寺紧傍北魏皇家陵寝方山永固陵，帝王驾崩后，在寺院设置鸱，帮助帝王进入轮回，也确保北魏江山永固。

巨螭坐殿守华严

琉璃螭（chī）吻

辽代

高330cm

山西大同华严寺薄迦教藏殿

这一对琉璃螭吻，原属于华严寺薄伽教藏殿，是目前国内能看到的为数不多的辽代原物。

薄伽教藏殿建于辽重熙七年（1038年），螭（chī）吻也是同一时期的，高度大约3.3米，是中国现存较大的螭吻之一（故宫太和殿的螭吻是3.4米高）。

此二件螭吻，为琉璃烧制，釉色鲜艳，对比强烈，龙角、龙身、龙口内都以绿色为主。龙爪、龙须、龙舌、龙口、龙鳞都以黄色为主，其间又有丰富的变化，色彩在龙鳞等部位有红黄的过渡。

巨螭怒目圆睁，嘴巴大张，舌头微卷，獠牙外露，龙爪雄踞，厚重的尾巴高高甩向上方，发力咬住面前的屋脊，威严雄壮，霸气十足。

螭吻，又名鸱（chī）吻、鸱尾，为龙之第九子，传说中它属水性，可以吞火避火灾，故而常将两个螭吻相对安置在宫庙的屋脊上。

琉璃螭吻，当年施用在薄伽教藏殿屋脊之上，可见大殿的雄奇壮阔以及华严寺的皇家气魄。

辽金西京 165

兴云桥构件

兴云古桥，是金元时期大同城东御河上的一座古代桥梁，遗址距今御河桥南约75米处。2003—2004年在御河桥附近施工中，相继出土了一对镇河铁兽、两件石兽和数件石桥栏板、望柱、寻杖、华表、栏杆等构件。面世的这些构件与文献记载吻合，据此证实该处即金元时期的兴云石拱桥。

镇水防患祈平安

御河铁兽
元代
山西大同兴云桥遗址

中国古代镇水神物年代久远，历代传承。作为水利历史的文物，可以补证水利文献记载，其在结构、材料和铸造等方面体现了古代科学成就，具有极高的历史研究价值。

此件铁狮，又称"镇水铁犼（hǒu）""镇水神兽"，是镇水神物之一，其材质为生铁，当时共出土3件，均为圆目、高鼻、阔口、颔下垂须、脑后披发、爪足、花尾、昂头挺胸、威武雄健。

这些镇水神兽除有古人期盼镇服水患、防避水害和安澜畅运、祈求吉祥的精神寄托的作用之外，从建筑设计、景观构成方面还具有更重要的装饰艺术作用。

第三单元
边地风情

　　来自北方草原的契丹人和女真人，还有蒙古人，相继入主中原后，为适应新的生存环境，既保留其传统习俗，又吸收农耕文化的生活方式，分别创造出别致的辽金元文化，成为中华文化的重要组成部分。大同作为游牧文化与农耕文化的过渡地带，又拥有近200年西京陪都的历史，其风俗民情具有典型意义。大同出土的各色文物，细致详尽地描述着当时人们的生活：耕田和牧场相间，房屋与毡帐并立；胡汉交融；各民族和平共处，其乐融融。

金女真骑士图

春水秋山

"捺钵（nà bō）"是契丹语"出有行营"之意。辽帝保持着先人在游牧生活中养成的习惯，居处无常，四时转徙，秋冬违寒，春夏避暑，又称四时捺钵。金人沿袭契丹古俗行捺钵之礼，称之为春水秋山。

春水秋山琢玉中

镂雕秋山玉件

金代
高8cm
山西大同新建路人大墓出土

辽代盛行"捺钵"制度，到了金代就改为了春、秋两季的捕猎活动。从金代女真人开始用玉器来记录春、秋的狩猎娱乐活动，"春水""秋山"成为金代玉器文化最流行的艺术题材之一。

此玉件所表现的是辽金元时期贵族于秋日在山林狩猎的画面，山、林、虎、鹿等均为镂雕，场景形象生动，风格鲜明，体现了草原民族独特的审美视角和情趣。

"秋山玉"主题纹饰多"虎鹿山林"。画面多以虎、鹿、熊为主体，辅以柞树、山石，雕琢技法喜用巧色和重刀，整体风格淳朴。相比"春水玉"的激烈场景，"秋山玉"的画面显得淡然闲适很多。

"春水玉"与"秋山玉"滥觞于辽，兴盛于金，流行于元而衰微于明清。在中国长达八千年的玉文化历史中，它历经近千年，成为历史上独树一帜的玉器类型。

炊烟袅袅

从西京饮食器具反映的信息看，辽代铜器居多，游牧气息较浓；金元瓷器增多，定居和农耕氛围浓厚。辽代大同地区开始掌握铸铁技术，在使用当地煤的有利条件下迅速发展，元代更具规模，1236年窝阔台下令在西京立炉炼铁，州县拨炼铁冶户760煽（煽为作坊）。

铁釜烹饭行军餐

双耳铁釜（fǔ）

口径20cm 高18cm
山西大同许从赟（yūn）夫妇合葬墓出土

釜，古代的炊事用具，相当于现在的锅。盛行于两汉至三国两晋南北朝，有铁制也有铜或陶制。

双耳釜是釜式之一。此釜为盘口，沿外侈，沿上有双耳，腹较深，底略下凹，在腹底皆铸有瘦高型三足，可直接架在火上煮炖食物，常见于少数民族地区，是游牧民族的主要炊具。此釜的双耳不仅便于取拿端用，而且可以拴系绳物长途携带，到目的地后就地支釜而用，还可同时加附长绳汲（jí）水，具有一物二用之效，不但适合游牧之用，且也适合行军打仗时所用，有"行军锅"之功能。

辽金西京

盘里乾坤舞双狮

双狮纹银盘

辽金

长21.5cm　宽12.7cm

征集

　　此器物为菱形曲沿，等分六段，边缘饰以平行的凸弦纹；居中捶揲（yè）两只卷毛狮子，呈浮雕效果，狮子中间有系绸带的绣球图纹，当为"狮子滚绣球"的画面。银盘中央錾刻了花卉纹，纹饰精美。

牡丹绽放盆中央

曲沿牡丹纹铅锡合金盆

辽代

口径10.6cm×27.6cm　高1.1cm

山西大同雁北地区物资局捐赠

　　此器物，以铅锡合金增强了锡器的硬度。曲沿分六段，两长四短，边缘饰以平行的凸弦纹；居中对应曲沿錾刻了狭长对称的几何纹边线，线内刻制了牡丹花叶图纹。

茶酒飘香

宋代流行斗茶，于是茶文化也在各民族中传播流行。福建窑和大同当地怀仁窑生产的油滴釉茶盏，颇受时人的青睐。注碗（温碗）注壶为配套温酒器，用以"烫酒"，既具保温功能，又显儒雅风范。

小知识：《备茶图》

在河北宣化下八里张匡正墓出土的辽代壁画《备茶图》，是一幅令考古、文艺两大领域都赞赏的名画。

画面上有五人。画面中心为两个男童。一名着汉服的双髻（jì）男童，身旁茶盏边的盘子里放着圆茶饼，他半侧而坐，身前放一茶碾，右手推碾。碾旁边有一茶炉，上坐一执壶。炉前，一髡（kūn）发童子着契丹装束，双膝跪地，口中含管向风炉口内吹气，生火助燃。

男童身后，是另一着契丹服的男侍，髡发，伸出双手，似乎正要取走风炉上的茶壶。男侍身后为方桌，上置茶具，有壶、盏、瓶、夹等。桌前两只小花狗嬉戏跳跃。男侍旁边还放置着方箱。

画面左侧，两名着汉服的侍女手捧茶托、茶盏小心移步，一为取到、一为送出状。

一幅图画，完整描绘了辽代贵族家庭备茶的主要流程，从碾茶、吹炉到点茶、送茶等。

油滴釉茶盏／油滴釉碗

辽代
左，口径10cm　高4cm
右，口径17cm　高10cm
山西大同南关窖藏

　　油滴釉，属于黑釉瓷器工艺高度发达的产物，指黑釉釉面里呈现油滴状斑点的纹理效果。斑点在照射下会呈现彩色、反射银光或黄光，因而油滴釉存在"金油滴""银油滴"之分。

　　此组黑釉茶盏、茶碗，均口大、腹深、足小、形如漏斗。茶盏弧度更小，足稍高。碗盏内部外壁布满油滴状斑点，为银灰色，多为圆形，大小不一，大似雪花，小如针尖。外壁有青铜色窑变。

　　用黑釉茶盏，有助衬托茶色，方便观察茶面泡沫汤花，油滴点点更添乐趣，这体现了辽代皇室贵族、文人墨客的生活情趣。

雪落暗夜品香茗

游龙作柄好斟酒

龙形柄铜壶

辽代

高24.2cm

山西大同机车厂出土

  铜壶是铜制的器皿，既是酒器，也是盛水器，用于烧水，汉代还作为量器。根据材质，铜壶可以分为紫铜壶、黄铜壶、白铜壶，其中紫铜壶质量最好，铜的含量更高、更纯，更易于保养。

  这件铜壶直口，伞状盖，盖上附乳钉小钮。与龙形柄对称的一侧肩部有一曲线壶嘴，另外肩部及腹部饰有凹弦纹。壶柄为龙形，龙的前足置于盖下，龙身弯曲，龙尾与壶上腹相接。鼓腹瓜棱形。这只壶整体造型庄重，装饰简单大方，虽有锈色，仍不失为一件精品。

辽金西京

白釉瓜棱瓷温酒壶

金代
高12.6cm　口径6.9cm　底径7.4cm
山西大同站东小桥街徐龟墓出土

古人深知冷酒伤身，冬天饮酒时采用各种温酒的方法。宋代景德镇生产了一种由注碗与注壶组成的温酒器，壶放在碗内，碗里可加入沸水保温。

此酒壶通体施白釉。壶口微敞，圆鼓腹，腹部压十条瓜棱，长弧颈，曲流，矮圈足。相对流贴塑如意耳形壶柄。壶盖中部下凹，中央凸出花形钮，外沿向下弧曲，与壶口吻合。注碗口沿外撇，作六出花瓣形，碗壁压六条瓜棱纹至碗底，圈足外撇。胎质洁白细腻，壶通体、碗内壁施透明釉，积釉处泛青黄色。

白釉是瓷器传统釉色之一。严格地说，传统的白釉是一种无色透明釉，而不是白色的釉。当瓷器釉料中的含铁量降低到0.75%以下，施于洁白的瓷胎上，入窑经高温烧制，就会出现白釉。

一壶暖酒慰风尘

白釉长颈瓷瓶

辽代
口径5.8cm　底径4.9cm　高15cm
山西大同矿区米庄乡赵家小村出土

这件辽代瓷瓶，瓶口似浅洗，修长颈、溜肩、硕腹、丰底、圈足，整体施以白釉，素面无花纹。

此瓶的外形接近于中国瓷器造型中的一种典型器物——玉壶春。

素面雅淡玉壶春

174　大同市博物馆

白釉提梁琥珀光

白釉提梁瓷壶

辽代

口径5cm 底径5cm 高15cm 腹径10cm

捐赠

　　提梁俗称把手、提手。提梁壶，是古代盛水或酒的用具，也是辽代北方游牧民族使用的特殊器形之一。

　　此壶是定窑常见酒器。胎质洁白细腻，全器满施白釉，釉色洁净，晶莹亮泽。壶身略呈瓜瓣形，上部置一流。壶体线条流畅，壶口内凹，其上覆花瓣形钮盖，提梁仿藤编样式，前端分股，每股前端有模印的花卉片饰与壶体相接，小巧别致。

　　提梁壶可分为硬提梁和软提梁两种基本形式。硬提梁是与壶身同时制出，提手与壶身固定，不可弯曲。软提梁又叫活提梁，制坯时在壶的肩部做一对用来安装提梁的系纽，壶烧成后，用金属或藤、竹等做成提梁装在系纽上。

辽金西京

书窗谁不对梅开

黑釉划花梅瓶

金代
口径5.7cm 底径9.5cm 高31.5cm
大同市博物馆藏

  梅瓶造型在中国瓷器中名声响亮，小口、短颈、丰肩、身修长、瘦底、圈足，其造型优美，天下无双，可以称得上"中国瓷器的第一造型"。

  梅瓶出现于唐代，盛行于宋代。在宋代又被称为"经瓶"，一般在大小酒铺里都能见到，作盛酒用器，造型挺秀、俏丽。

  划花，是指用尖细的锐器在陶瓷上刻划出所需图案。我国的划花技法诞生于汉代，也是最早使用的陶瓷装饰手段之一，它与刻花属同一工艺，只是在图案的线条处理上有粗细之分而已。

  这件金代的黑釉梅瓶是大同窑生产的，其造型古朴，器身修长，通体施黑釉，釉质肥厚滋润。

  在磁州窑的梅瓶中，有的器腹写着"清沽美酒"与"醉乡酒海"的诗句，可见，梅瓶既是酒器，又是一件令人爱不释手的观赏品。

石几梅瓶轻添水

白釉刻花瓷梅瓶

辽代

口径6.1cm 底径10.3cm 高37.1cm

捐赠

　　10世纪中叶，随着生活方式由游牧转向定居，辽代的制瓷业得到较快发展，烧瓷品系与工艺，受到了华北白瓷系统的民窑的深刻影响。

　　此瓶是辽代的典型瓶式之一，造型挺秀、俏丽、修长。胎体略呈灰褐色，有厚重之感，釉色白中泛黄。刻划花纹装饰，以三组双道弦纹将器表分隔为四部分，肩上部素面，肩下部饰花瓣纹带，腹部饰卷叶折枝牡丹，下饰仰式莲花瓣。构图丰满，线条流畅洒脱。

　　刻花工艺，是在胚体尚未干透前，在上面以铁刀等工具刻制花纹，随后施釉，或直接入窑焙烧。从此梅瓶的刻花来看，线条宽窄结合，深浅转折变化丰富，兼顾了线和面的艺术效果。

家居逸乐

道士阎德源墓葬出土的精巧的木制家具，是墓主人精致生活的表露。

小知识：阎德源墓葬

阎德源(1094—1190年)，西京"玉虚观宗主大师"，朝廷赐号"羽流之宗"，是西京地区的重要道教领袖。其墓葬于1973年在大同城西发掘。随葬器物种类齐全，有瓷器、漆器、骨器、丝织服饰和文化生活用品，另有一组成套的小木质家具模型。

作为大同地区金代墓葬的代表，其出土文物最多。出土的大量随葬物品，为金代墓葬出土文物提供了断代标准。其墓葬形制、随葬物品也为研究金代西京周边的道教人物的丧葬习俗提供了参考与佐证。

更深人去孤屏影

木影屏（复制）

金代
高28.8cm　屏身长25.7cm　宽19cm
山西大同城西金代阎德源墓出土

影屏即门内做屏障用的屏风。

此木影屏，为木制明器家具，杏木质材料，由云头底座及屏身两部分组成，正面为大理石画屏，已破碎。

阎德源墓中出现了完整的家具组合，如影屏、巾架、木榻、茶几、盆架、木椅、木桌等家具，在大同地区一些辽金元墓葬中也有类似的家具，说明家具是当时西京的随葬器具之一。

坐看青竹变琼枝

木椅（复制）

金代
高20.5cm 座面10.5cm
山西大同城西金代阎德源墓出土

此椅为木制明器家具，杏木质，典型的四出头扶手椅，由椅腿、椅面、靠背、扶手四部分组成。靠背的横梁即搭脑较长，向两边出头；扶手向前出头，椅面略呈长方形。四条腿之间有横枨（chéng）。椅腿上细下粗，横木比较长，椅下部用圆脚，椅面下有圆头花牙，这些符合五代以来的家具形制风格。

辽金西京 179

木榻（复制）

金代

榻板长40.4cm 宽25.5cm 高20cm

山西大同城西金代阎德源墓出土

　　此木榻为杏木质，明器家具，属典型的栏杆式围子床。床上铺木板，左右和后面有栏杆，栏杆下有围板，四角均有方立柱，左、右、后面的立柱间又有花形间柱。四条腿为秋叶形，腿之间有横枨（chéng）。此床为小模型，故推测其床腿可以做成秋叶形，如果是实物，可能会是其他形式（如立柱再加牙子等），更牢固一些。

　　木榻文物在大同属首次发现，其制作精细，工艺讲究，是研究辽金家具发展的重要实物。

月明如素人欲眠

冷烛无烟绿蜡干

黄绿釉陶烛台

金代

直径9cm 高12cm

山西大同云中大学金壁画墓出土

烛台在古代有许多称谓，如水注、插座、插器、供台、灯台等。

在古代大同的随葬风俗中，有"五供"的做法，即香炉、瓷瓶、烛台、供桌等组成完整的五供器。此烛台为"五供"之一。

此烛台，由支架与烛台两部分组成。支架为四叶状足，上端台面为盘形，中心有圆孔，外表施绿釉，内侧露胎。胎白色，质地细密。支架上承烛台，烛台缸胎，底、腹部堆花作仰莲，施黄色釉。器腹内外施绿釉。器外壁口沿下饰刻划直线纹。中心有一管状托座，中空，内无釉，上可插烛。

辽金元时期，黄绿釉的烛台十分流行。

辽金西京

梳妆溢彩

八曲菱花形龙纹铜镜

辽代

直径19.9cm

征集

菱花宝镜云龙舞

　　菱花形镜初见于南北朝时期，这种铜镜在葵花形的花瓣线条之上柔化加曲线，更具美感。菱花形镜于唐代盛行。辽代菱花形镜接近宋代，比唐代的边沿更平直。

　　此铜镜边缘呈八曲菱花形，中间为半球形钮。镜背两条巨龙绕钮首尾相接，前、后肢伸张，露爪。龙的背鳍、鳞片、须发等细节刻画细致逼真，龙身四周饰八团形状相同的云纹，整个画面如同两条巨龙在云中遨游。

金双鱼纹铜镜

金代

直径15.5cm

山西省文管会拨交

此镜圆钮，无钮座，边缘宽素平。镜背满布水波纹，双鲤长须、张口、摆尾，环钮畅游嬉戏，间有荷花、荷叶点缀，生动活泼。外区一周水草纹，流动回旋。

双鱼，为铜镜常见图案，有道教阴阳图文符号意义，也不乏金代先祖渔猎采集传统的缘由。

鱼戏莲叶无西东

插金戴银嫁头面

牡丹花纹金头饰

元代

最大直径3cm

征集

　　元朝女性的装饰品统称为头面，为女子出嫁的必需品。富家嫁女，头面多达金、银、玉三套。

　　这件头饰以金片捶揲（yè）为圆形轮廓，加工为双重瓣的牡丹花形，花房、花药细节明晰，花瓣铺排真切写实，花药及花瓣都以细线表现脉络，花瓣每片略有差异。头饰且以伸出部分打眼，便于插拔。

> **小知识：头面**
>
> 　　头面是指插戴于妇女头部的成套的头饰。有簪、钗、坠、花钿、梳篦等样式。主要有挑心、顶簪、分心、掩鬓、钗簪等分类。
>
> 挑心：装饰于发髻（jì）中央。
> 顶簪：插在发髻顶部，固定发髻。
> 分心：插于发髻背面中部，与挑心相对。
> 掩鬓：插在鬓角上的发簪。
> 钗簪：插于掩鬓上部。

双龙花卉纹金钗

元代
长16cm
征集

钗，又名"钗簪"，"头面"的一种，插于鬓角上部。由钗首和钗股两部分组成，长条状，双股。钗股插入头发，钗首露在外面做装饰。

此金钗圆头，细身，尖细小。顶部为梅花花瓣，围合为近圆形。花下，两股分叉，双龙偎花背对，身躯扭曲盘旋，可见龙鳞、龙鬃细密纹路。

此钗采用捶揲（yè）、錾（zàn）花工艺，两股分制而成，但合体后图纹完全对称，细节精细入微，体现了元代较高的工艺水平。

此类金钗称为龙首钗，又名"螭（chī）虎钗"，是元代创制的新钗纹。

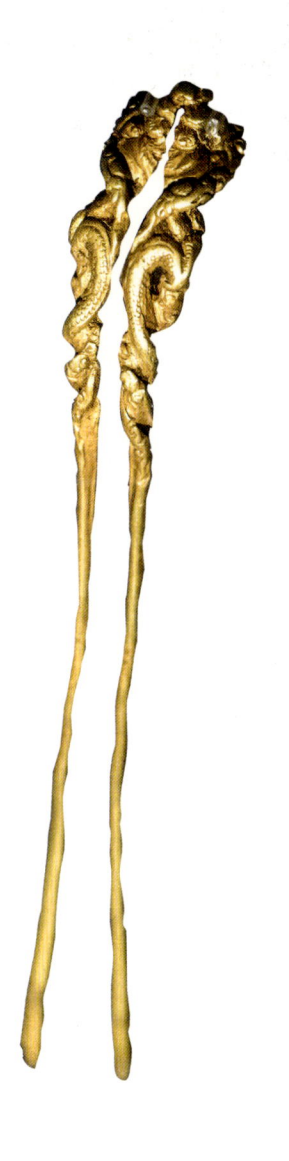

二龙托升梅花开

辽金西京

第四单元

宗教大观（风物）

唐代以后，民间信仰呈现多样化，大同既有佛寺道观，又有清真寺院，但仍以佛教为盛。辽金西京是当时的佛教中心之一，僧众云集，佛寺林立，保留至今者如大同华严寺、善化寺、观音堂、禅房寺，灵丘觉山寺，浑源圆觉寺，应县佛宫寺、净土寺，朔州崇福寺等；云冈石窟也再度迎来兴盛，有十寺之建。金元时期，道教兴盛，宫观众多。金末，道教大师丘处机西游中亚后，曾在此停留弘教。元朝对宗教采取宽容政策，诸教俱兴。忽必烈时，诸方僧众四万余会聚西京普恩寺（今善化寺），作资戒会七日七夜，堪称大同僧道盛事。

佛教重镇

辽金时期，西京地区继承北魏佛教遗韵，原北魏许多寺院如灵岩寺、觉山寺、鹿野苑石窟寺等废而复建。在皇室贵族大力支持，民间普遍信奉的社会环境下，新寺院遍地兴起。佛法大兴，高僧辈出，如华严寺海云、慧明，南堂寺刘秉忠均誉满朝野。

青铜佛影呈祥光

释迦牟尼佛铜坐像

金代

高17.6cm

山西大同四老沟金代砖塔地宫出土

  此坐像在六角形台基之上，接方形的座台，释迦牟尼身着天衣，着对襟式袈裙，帔（pèi）帛、裙裾自然垂落在双腿之上，衣褶隆起，飘逸灵秀，盘腿端坐于束腰台座上。

  佛像头饰螺发，顶饰肉髻（jì），大耳垂肩，额际高广，佛面丰满圆润，表情空灵沉静，庄严端肃，双手合十，结智拳印。其身后有背光铺展开来，尖桃形的轮廓里，联珠纹饰边，忍冬纹往复连接，背景宏阔。整件器物造型精美，装饰考究。

辽金西京

长坐冥想生智慧

法轮式鎏金铜文殊坐像佩件

金代
直径3cm
山西大同四老沟金代砖塔地宫出土

  这件佩件以铜鎏金打造了镂空圆雕的佩饰，在直径仅有3厘米的这件小佩饰上，打造了丰富细致的内容。外部圆环造型，圆环边缘分别施以联珠纹和弦纹装饰，圆环外侧均匀分列一圈乳钉纹饰，居中一乳钉打有孔用于悬挂。环内为文殊菩萨的坐像，头戴高冠，身穿天衣，肩垂帔（pèi）帛，脖缠项链，胸挂璎珞，佩戴臂钏（chuàn）。坐像外缘有云气纹环绕。
  文殊取"游戏坐"坐姿，一腿曲盘，另一腿下垂。一般采用"游戏坐"的多为菩萨像。

小知识：游戏坐

  游戏坐是佛和菩萨的一种坐式，也叫半跏趺坐。即一腿盘坐仰覆莲台，一腿自然下垂，分"右舒式"和"左舒式"两种。姿态轻松、自然、优美，除佛之外，只有地位较高的菩萨才能采用这种坐式。

八风不动见空明

石雕高僧坐像

金代

高82cm　长62cm

山西大同四老沟金代砖塔地宫出土

　　此金代的高僧坐像，以砂岩雕刻而成，砂岩石质颗粒感鲜明。

　　坐像面部丰满圆润，修眉弯长，眼眸澄明，大耳垂肩，表情安详；内穿右衽上衣，外裹系带长衫，身披袈裟法衣；取禅定坐，坐姿平正安稳，腰杆挺拔坚实。

　　高僧像手部结定印，就是双手仰放下腹前，右手置于左手上。这一手印表示进入禅思、使内心安定之意。

辽金西京

陶塑罗汉坐像

金代

高50cm

山西大同上皇庄金墓出土

两位陶塑罗汉，均着僧衣，呈端坐状，双手皆覆于衣纹之下于腹前自然交叉。两位罗汉一副修行者的装扮，笑容可掬，神情可爱。

左边的这位罗汉，略显年轻，浓眉高鼻长目，大耳垂肩，额头高广，面带笑容，双手交叉于腹前，一副随意自在的姿态。右边的罗汉，年龄稍长，衣着和坐姿跟左边罗汉一般无二，却戴着风帽，细长的眼睛微微眯着，下有眼袋，留着小胡子，一副饱经沧桑的智者模样。此组造像精工细作，表现了高水平的人物性格塑造。

> **小知识：罗汉**
>
> 罗汉，指断绝一切欲念，解脱一切烦恼的僧人。是佛陀得法弟子修证最高的果位。罗汉者皆六根清净，无明烦恼已断，已了脱生死，证入涅槃。于寿命未尽前，仍住世间梵行少欲，戒德清净，随缘教化度众。

庄严谐趣皆禅机

且铸石偶约来生

石雕信士夫妇像

辽代

高50cm

山西大同辽墓出土

这是一对信士夫妇的石雕像,砂岩材质。

男信士,戴幞(fú)头,方脸大耳,额头高阔,眉眼修长,高鼻方口,面目和善,笑意微微。女信士头梳高髻(jì),戴耳饰,面庞圆润,耳廓圆满,眉清目秀,面带微笑。他们都是内穿交领服,外罩宽袖长裙,褶皱随着身体弯曲起伏,整体素净典雅。他们均呈分腿坐姿,叉手交袖于膝前,体现出淡泊宁静的姿态。

信士像的造型沉稳大气,雕刻精致,衣纹流畅,雕琢庄重温润,服饰线条流畅,为辽代石雕的精品之作。

小知识:信士

信士,指信奉道教、佛教的在家男子;汉碑有"义士"之称,泛指出财布施者,宋代改称"信士",后专称信仰佛教而出钱布施的人、诚实可信的人。

辽金西京

蜻蜓飞上玉搔头

蜻蜓形金头饰

元代

长7.7cm

山西大同灵丘县曲回寺窖藏出土

　　1982年，在山西大同市灵丘县曲回寺出土了一批造型独特、罕见的元代头饰，有飞天、蝶双飞、蜻蜓、凤凰、牡丹、帽花等各种造型，还有耳环、项链等，此头饰是其中的一件。

　　头饰以蜻蜓为形，形象真切生动，双眼鼓突，腹部关节清晰，分九节，尾部开双叉；胸部前后均出双须，须稍曲。翅膀外廓环联珠的花边，翅内有镂空的花叶图案。饰的头、胸、腹经过了模压、捶打、卷曲而成；它腹下有两条针柄，以备别插。

　　这件头饰，也是独木干公主赠送曲回寺住持慧明的。总体色泽金黄，周身匀称轻盈，须角华丽卷曲，身姿挺拔健美，翅膀舒展飘逸。

蝴蝶形嵌宝石金头饰

元代

长5.6cm　高8.9cm

山西大同灵丘县曲回寺窖藏出土

　　这件头饰的外形，是两只俯视的蝴蝶相向连接，平面俯视拼成一只蝴蝶，呈"蝶双飞"状。器物以金箔衬底，用掐丝作图案；头、腹以圆圈图案构成；胸部椭圆形，前部结鳞状网；前翅大于后翅，翅外缘作缠枝卷草图案，翅根部作菊花图案；前后出须，头、胸、腹、翅均镶嵌宝石（已遗失）。

金丝嵌玉蝶双飞

飞天束带飘若云

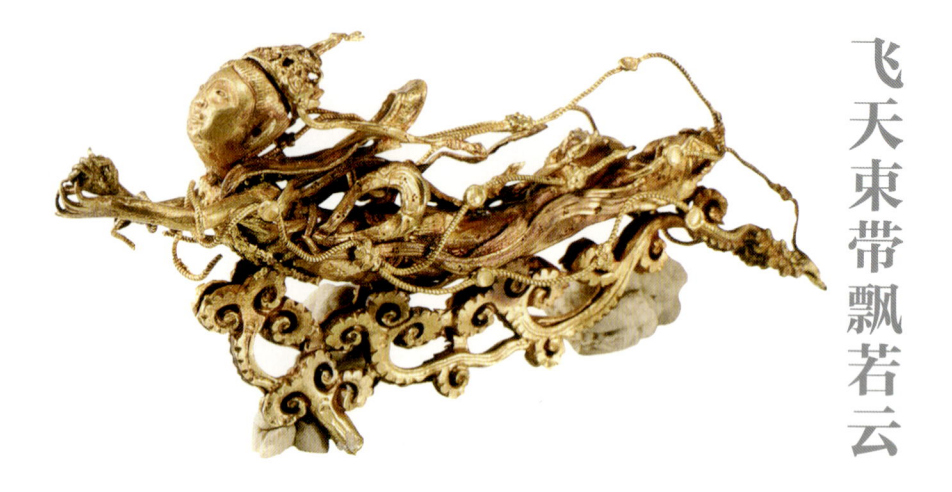

飞天形金头饰

元代

长9cm

山西大同灵丘县曲回寺窖藏出土

飞天，一般是指佛教壁画或石刻中的在空中飞舞的神的形象。

此飞天造型呈仰视姿势，身上的璎珞、帔（pèi）帛、冠缨、束带摇曳飘动，勾画着她飘若云、矫若龙的身姿线条。她头顶宝冠，面目慈祥，脸庞丰满而俊秀，造型圆润，有唐代风韵；双手上下交叠握物前伸作献物状，右腿稍屈，两脚心向上，形似迎风翱翔。裙带以金丝和金箔条制成，身下以金箔片制成云纹衬托，幻化成了连绵的如意的形状，承载着这世间向往的美好。

这件金头饰采用模压、锤打、卷筒等工艺制作，整个结构舒展大方，线条流畅，整个器形工艺精湛，美丽绝伦，其工艺代表着元代金银器制作的最高水准。

葵花形嵌宝石金佩饰

长4cm　厚0.5cm　重4.8468g

元代

山西大同灵丘曲回寺窖藏出土

青青子佩寄我思

　　这件佩饰通体为金质，菱形，佩心镶宝石，外以金箔条制成缠枝图案，周边沿饰联珠纹，工艺复杂，做工精美。

　　元代的金银首饰中使用了捶揲（yè）、錾（zàn）刻、打条、穿结、掐丝、镶嵌等制作工艺。之前因工艺原因，无法保证珠宝镶嵌的稳定性，中国的金银首饰多以单纯的金银为主材料。元代开始，宝石镶嵌工艺又重新出现在金银首饰制作上，说明当时的技艺已达到较高的水平。

金耳坠（一对）

元代

长4cm

山西大同灵丘曲回寺窖藏出土

耳鬓静绽三朵莲

　　这对耳坠，金质，两坠结构相同，用金箔片圈成三区，中区镶宝石，内区用掐丝工艺制成缠枝图案，外区也镶宝石，通体正面沿饰联珠纹，坠与柄焊接，柄弯成钩状，坠背以掐丝制成莲花三朵。

　　元代的金银首饰既有祥瑞题材即龙、凤、如意等常规意义上的吉祥图案造型，也有仿生日常生活中的动物、花朵、瓜果蔬菜等造型，还有飞天、宝相花、葫芦形等佛道宗教类造型，除此之外，扭索式、连珠式的装饰也同样不少。各种组合造型的出现，说明当时的金银首饰造型十分丰富多彩。

辽金西京　195

道教盛传

金元时期，大同地区基督教、伊斯兰教、佛教、道教、儒教五教俱兴。这里不但设有基督教堂成为主教辖区，同时还处在佛道之争的中心。此时，全真道大振，道家丘处机在此大开法会，西京州县成为他作为官方教主的首善之地。释教海云、慧明相继住持西京大华严寺，兴教护法，抑道兴佛，释道廷辩之后佛教更兴。

石雕双兽耳香炉

金代
高10.5cm 口径13.6cm 腹围31.8cm
山西大同城西金代阎德源墓出土

香炉是香道必备的器具，（西关铜艺）香炉是中国传统民俗、宗教、祭祀活动中必不可少的供具。

这件石雕香炉为敞口、短颈、鼓腹（内盛香灰）、龙头双耳，三蹄足，腹部中间雕有几何纹，上、下为兽面纹及云纹，造型美观，刻工精致。

石雕常用的石材有花岗石、大理石、青石、砂石等，以其创造出具有一定空间的可视、可触的艺术形象，借以反映社会生活、表达艺术家的审美感受、审美情感、审美理想。

石炉焚香祁万福

宗主印证在龙山

阎德源骨印章（五枚）

辽代
印面 3～4cm　厚 1.7～2cm
山西大同城西金代阎德源墓出土

印章，用作印于文件上表示鉴定或签署的文具。制作材质有玉石、金属、骨头、木头、石头等，是中国传统文化的代表之一。

此套印章分别篆刻"德源""青霞子记""玉虚丈室老师""天长方丈老人""龙山道人"。印把呈长方形或拱形，印把上端或刻有"上字"，或刻有记号。

这些印章应该与阎德源的经历和曾经担任的职务有关。其中"德源"是阎德源的法名，"玉虚丈室老师"表明他是玉虚观的观主，"天长方丈老人"表明他曾担任天长观的方丈，"青霞子"大概是他的道号之类，而"龙山道人"则可能与阎德源在龙山的修炼活动有关。

辽金西京　197

流珠粒粒似当年

料珠

金代
山西大同城西金代阎德源墓出土

念珠是祈祷或诵持记数所用的珠串，在宗教修持上也有用到。宗教不同，念珠的数目也有所区别，所代表的含义也不同。

阎德源墓出土念珠共有二串，质为烧料，圆形，呈浅蓝色，有光亮。

一般来说，道教的念珠最早被称为流珠，有的365颗珠，有的108颗珠，常见的为81颗，代表的是太上老君八十一化。《太上三元流珠经》载："受之用白真珠，圆正明朗，大如桐子者三百六十五枚，应星宿之度，日月所会之期。"

牡丹枝蔓照何人

缠枝花卉纹大铜镜

元代
直径38cm　厚0.8cm
山西大同冯道真墓出土

铜镜大多制作精良，形态美观，图纹华丽，铭文丰富，是中国古代青铜艺术文化遗产中的瑰宝。

本件铜镜形体厚重，铜质较好，边上刻"泽州伶（líng）水县官医"七个字（医内的"矢"部为"夫"部），半圆钮，上穿有铜环，已残缺，钮四周为宝相座，座围有缠枝牡丹图案花纹。

豆青釉里红片裂纹瓷碟

元代

口径16.4cm　高3.3cm　底6.3cm

山西大同冯道真墓出土

　　豆青釉是瓷器釉色名,青釉派生釉色之一,起源于宋代的龙泉窑。

　　此碟为敞口,平底,圈足浅碟,胎质砂白,深豆青色釉,口沿为棕黄色,釉里有细碎冰裂纹,釉层较厚,釉为豆青色,稍带紫色,碟内有一块青莲色斑片。

豆青本是龙泉出

"香花供养"酱釉瓷罐

元代

高18.9cm

山西大同四牌楼西南角地下通道出土

　　此罐又叫"茶叶末釉筒形罐"。茶叶末釉是我国古代铁结晶釉中重要的品种之一,属高温黄釉,经高温还原焰烧成。

　　这件筒形罐是供器之一。罐身刻写有"香花供养"四字。香花供养原为佛家语。指用香和花供养,是佛教的一种礼敬仪式。

香花均为佛礼敬

辽金西京　199

石炉烟散香初凝

石雕双耳龙纹香炉

元代

炉口径14cm　高22cm

征集

  此炉造型美观,刻工精致。呈鬲式,石质,厚圆唇,束颈,扁圆腹,下承三足。颈部为菱形纹,双耳几何形。腹部中间一圈环绕高浮雕,雕有盘旋的龙纹,云纹相伴。三兽首足,似为饕餮(tāo tiè)。口沿外侧阴刻有"宣宁县平善乡"等铭文。

  宣宁故城,为辽金时汉蒙边贸重镇。遗址所在地位于山西大同新荣区北边缘,以北数百米处即内蒙古与山西省界线。

第五单元
丧葬习俗

辽西京深受契丹影响，流行火葬。葬俗呈胡汉杂糅面貌，墓葬平面圆形，穹窿顶，似草原毡帐。富裕阶层则用彩色壁画装饰墓室，绘侍婢、备膳、筵宴、点茶或庭院生活，也有出行驮马、牧羊、牧马，棺床上绘以地毯等反映游牧生活的场景。金代壁画墓发现不多，但反映的生活细节更为精致。元代已近中国壁画墓的尾声，冯道真墓北壁水墨山水"疏林晚照"，是颇具代表性的画作，既反映了元代民间山水画的高度成就，也凸显了元代汉人寄情山水，不愿出仕的现状。

随葬器具

辽金元时期的葬具多见石棺、陶棺、琉璃棺、陶罐、瓷罐，辽早期继承晚唐五代，随葬大型的陶制魂瓶、魂塔、魂坛等葬具，一般采用分件组合套装，装饰用贴塑、镂空、彩绘等手法，纹饰有莲花、力士等形象，气势宏大，充满神秘感。

小知识：魂瓶

魂瓶为明器，又称谷仓罐，也称魂魄瓶。源于西汉，兴于宋代，衰于民国。它最初原型为东汉时期的五联罐。魂瓶上面所塑之物，往往象征着死者生前的社会待遇和家庭状况，是人们对于亡灵安宁、生者平安的特殊期许，希望在死后的世界灵魂能够依然丰谷足粮。虽然在不同时代和文化背景下人们赋予魂瓶不同的含义，但其不变的是对于亡灵在死后世界的美好祝愿。魂瓶在不同时代、不同民族、不同地域，会呈现出不同的器物造型与装饰风格，在不同的器物造型与装饰风格背后则隐含着不同的文化寓意。

东汉五联罐　　三国两晋青釉堆塑谷仓罐　　南宋影青皈依瓷瓶　　北齐青绿釉瓷灯

唐三彩塔式罐　　元青花釉里红堆塑四灵塔式盖罐

魂瓶　　　　　彩绘贴塑魂塔　　　　魂罐

魂塔高高祭亡灵

魂瓶／彩绘贴塑魂塔／魂罐

辽代
魂瓶，高127cm　底径65cm
魂塔，高133cm　底径82cm
魂罐，高127cm　底径65cm
山西大同许从赟（yūn）夫妇合葬墓出土

　　辽代魂瓶在器形上，继承了唐代北方地区塔式罐的造型，通常由塔式盖、罐、底座三部分组成，一般是陶制，装饰以贴塑为主，并且施以彩绘。唐代魂瓶形制大小一般为半米左右，辽代魂瓶形制则更庞大，大小多为一米以上。同时，辽代魂瓶在继承唐代北方地区塔式罐造型的基础上与本民族的一些陶器造型和装饰风格相融合，形成自己独具特色的魂瓶样式。

　　辽代魂瓶在装饰风格上，灰陶类魂瓶多为素面，整体简洁；彩绘塔式魂瓶多装饰有复杂的兽面贴塑、人物类贴塑、植物类装饰和各类形状的镂

辽金西京　203

孔装饰。不同的装饰则有不同的寓意，如复杂的兽面贴塑装饰体现了辽契丹族的宗教信仰，他们认为兽能够辟邪，并且指引灵魂通往天上。

魂瓶塔顶为一枭首壶，壶口一侧捏成枭首状，长颈，垂鼓腹。塔身为一罐状，侈口、直颈、鼓腹，腹部内收与底座相连，底座上小下大，倒置喇叭状。

魂塔由莲花盆、中部器身及底座组成。底座外壁以两道凸弦纹分隔为上中下三层：上层均匀对称地贴塑着八个身躯健壮、手作承托之姿的力士；中层等距离贴塑四个兽面纹；下层则等距离贴有四个作承托状的力士，周围彩绘花朵及卷云等纹饰。

魂罐又称"彩绘将军罐"，罐盖上端为两周外敞的莲瓣，下端四组纹饰从上至下有团花、兽面、火焰纹等，周围有繁缛（rù）的莲瓣与花草彩绘，彩绘用黑、白、橙三色绘制。

壁彩丹青

辽金时期，绘画题材有宴饮图、侍酒侍茶图和出行狩猎图。并且，在墓门的两侧，绘有文武侍者或驼马形象，金代又出现了散乐题材。元代多采用中国传统的水墨画法，画意间流露出道家避世的闲逸，以及文人素淡清雅的山水情结。

小知识：辽许从赟（yūn）墓壁画

在中国古代历史上，辽代的历史和文化具有特殊性和地域性的特点，这在如服饰、习俗、饮食等方面均有体现。许多壁画比较真实地反映出那一段历史时期的全貌。

许从赟墓是晋北地区唯一的一座辽代早期（982年）纪年墓，也是大同市已发掘的50余座辽墓中规模最大、内涵最为丰富的一座，该墓于2011年4月由大同考古研究所主持发掘。

墓主许从赟曾官至大同军节度使、校检司徒，死后赠官太傅。墓内壁画十分精美，墓的东、西、北三壁各有壁画两幅。壁画的内容包括山水树木、庭院生活，有"隐逸图""侍酒图""侍茶图"等。

拨灯添油夜长明

许从赟墓
拨灯侍女图（局部）

辽代
宽1.33m 高1.3m
山西大同许从赟夫妇合葬墓出土

  这幅侍女图，位于许从赟墓室门西侧。画面左侧为一影作砖雕灯檠（qíng），灯檠右侧有一侍女，头梳高髻（jì），高髻下端用条带紧束，在髻后给一花结，两条带垂于脑后，双颊及唇部涂红，身着宽袖襦裙，襦及腰带为红色，裙及中单为白色，裙长掩脚。人物丰腴，形象颇具唐风。侍女左手执碗，右手持勺正在往灯盏里添油，双眼直视灯盏，神情专注、安详。

  大同辽代早期壁画墓发现较少，且内容单一，绘画以侍者、门窗类为主。到中晚期，壁画结构形成一定格局，南壁甬道口两侧绘侍婢或门神；北壁以屏风、帐幔、花卉及侍者为主；西壁绘驮马、牧羊、牧马及出行场面，东壁绘宴饮、备膳等，壁画内容反映了游牧文化对墓葬壁画的深刻影响，充分表现了逝者生前的真实生活场景。

辽金西京

许丛赟（yūn）墓仕女图

辽代
宽2.18m　高1.33m
山西大同许丛赟夫妇合葬墓出土

　　这幅仕女图位于许丛赟墓室东北角，画面中间为影作砖雕朱彩直棂窗一扇，窗两侧各绘侍女两人，窗下绘黑白两色花猫一只，猫颈部系飘带，双眼炯炯，正在捕捉一个绣球。
　　侍女两两相对而立，脸部浑圆，双颊涂红粉，均头梳高髻（jì），用橘黄色巾帕包扎，巾尾垂于脑后，身着宽袖襦

侍女汉风双颊红

裙，胸前飘带，长裙掩脚。右起第一人侧身站立，身着橘黄色长裙、颜色稍淡的土黄色襦服、白色腰带，两手在胸前举一拂尘。右起第二人着土黄色长裙、淡蓝色襦服、橘黄色腰带，右手平举持毛笔，左手托一小碗，侧身面向持拂尘者站立，二人作交谈状。

　　直棂窗左侧的二侍女中，右侧一人着淡蓝色长裙、土黄色襦服、橘黄色腰带，双手捧一托盘，上置一盖碗，侧脸站立，面向身后侍女。左侧站立者着淡蓝色襦服、土黄色长裙及橘黄色腰带，双手捧一温碗，内置一注子，身体略向右侧，眼视前方，神情安详，似在倾听前面一人谈话。

　　虽然这是一幅辽代壁画，但无论是侍女丰腴的面容还是侍女服饰，都体现出唐代侍者的特征，人物身着中原汉族服饰，可能与墓主人虽是契丹官员，却曾就任汉官，受汉文化影响深远有关。

画中皆是生前景

侍酒散乐图和吉祥图

辽代
宽2.18m　高1.33m
山西大同东风里辽墓出土

　　侍酒散乐图为墓室东壁壁画，由侍从、生活器具构成。侍从分前后两排，五人，均为中年男性。头戴黑色直角或曲角幞（fú）头，身着淡黄色、蓝色或红色圆领紧袖长袍，脚穿黑色长筒靴。前排左起第一人双手端一黄色托盘，盘内置两盏；第二人左手托一花式口温碗于上腹，碗内放执壶；后排左起第一人双手执一黄色拍板；第二人双手捧托盘，内置石榴、桃等果品；第三人右手握拳于胸前，左手执物。人物前方绘食盒、三足火盆、矮桌等。

　　吉祥图位于画面右侧，从上至下依次绘莲花拖珠、支架、马鞍、蓝色宝瓶、卧鹿、竹子、牡丹、仙鹤、乌龟等。下方绘橘色仰莲式座形器，下压一条黑花黄蛇，上置一把斧形器，蛇首上方绘银铤和背月方孔钱。宝瓶与卧鹿四周填绘火焰宝珠、象牙、犀角、银铤、圆圈形物等。

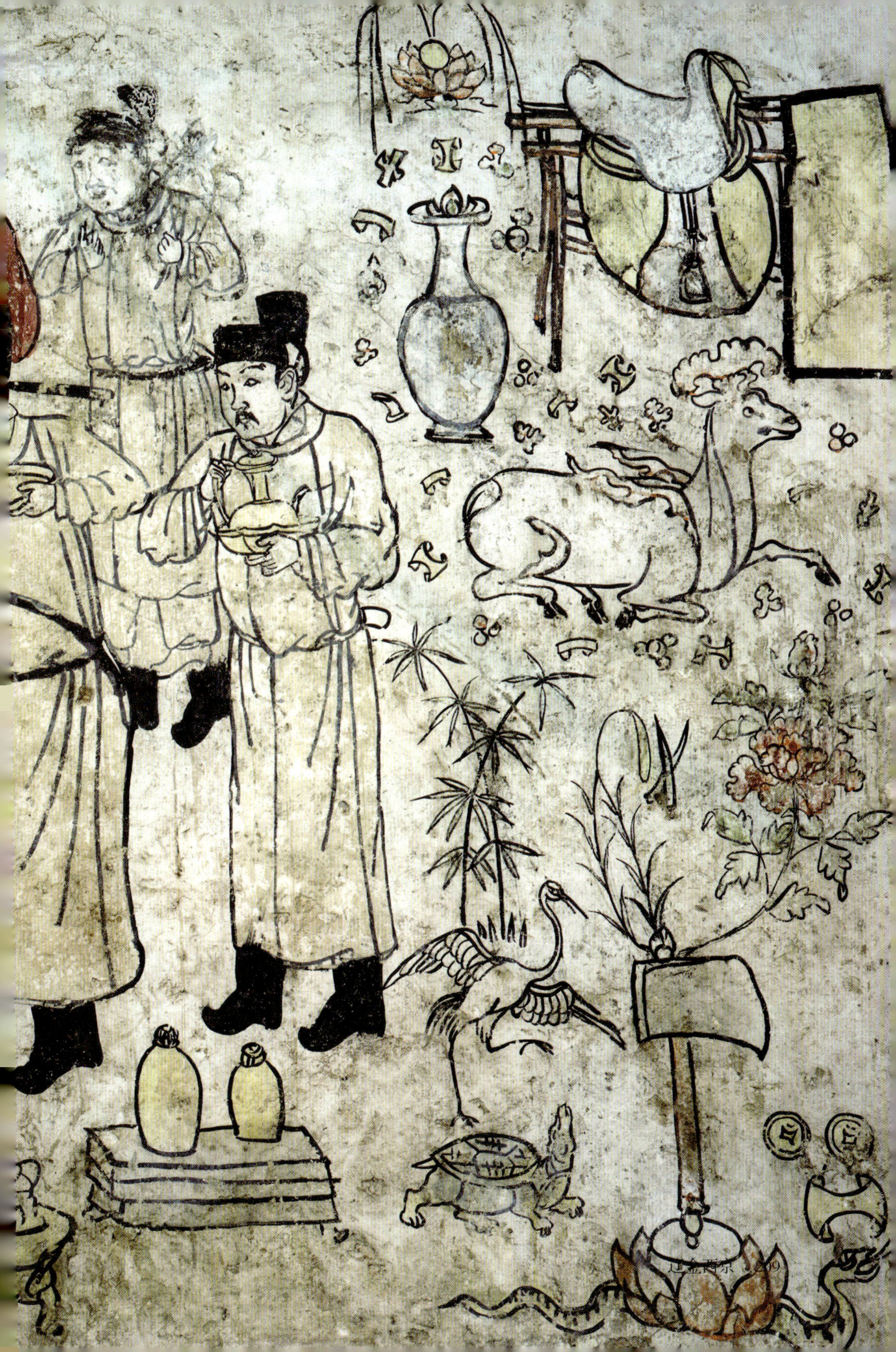

210　大同市博物馆

沧桑斑驳不掩瑜

残佛像帛画

金代

高34.2cm 宽17.1cm

山西大同金代砖塔基遗址出土

帛画，中国古代画种，因画在帛上而得名。帛是一种质地为白色的丝织品，在其上用笔墨和色彩描绘人物、走兽、飞鸟、神灵、异兽等形象的图画。帛画约兴起于战国时期，至西汉发展到高峰。

这幅画为佛像帛画，帛画残存主像为菩萨装的大日如来佛像，身后有圆形头光和椭圆形身光，光上飘有祥云，头戴蔓冠，宝缯于肩两侧，佩颈饰，双手作智拳印，结跏趺坐于莲座上。左侧为胁侍菩萨，左前方为手捧供物的供养菩萨。

这一塔墓地宫共出土三块帛画，虽残损严重，但作为保存至今的金代帛画，具有十分珍贵的艺术价值和研究价值。

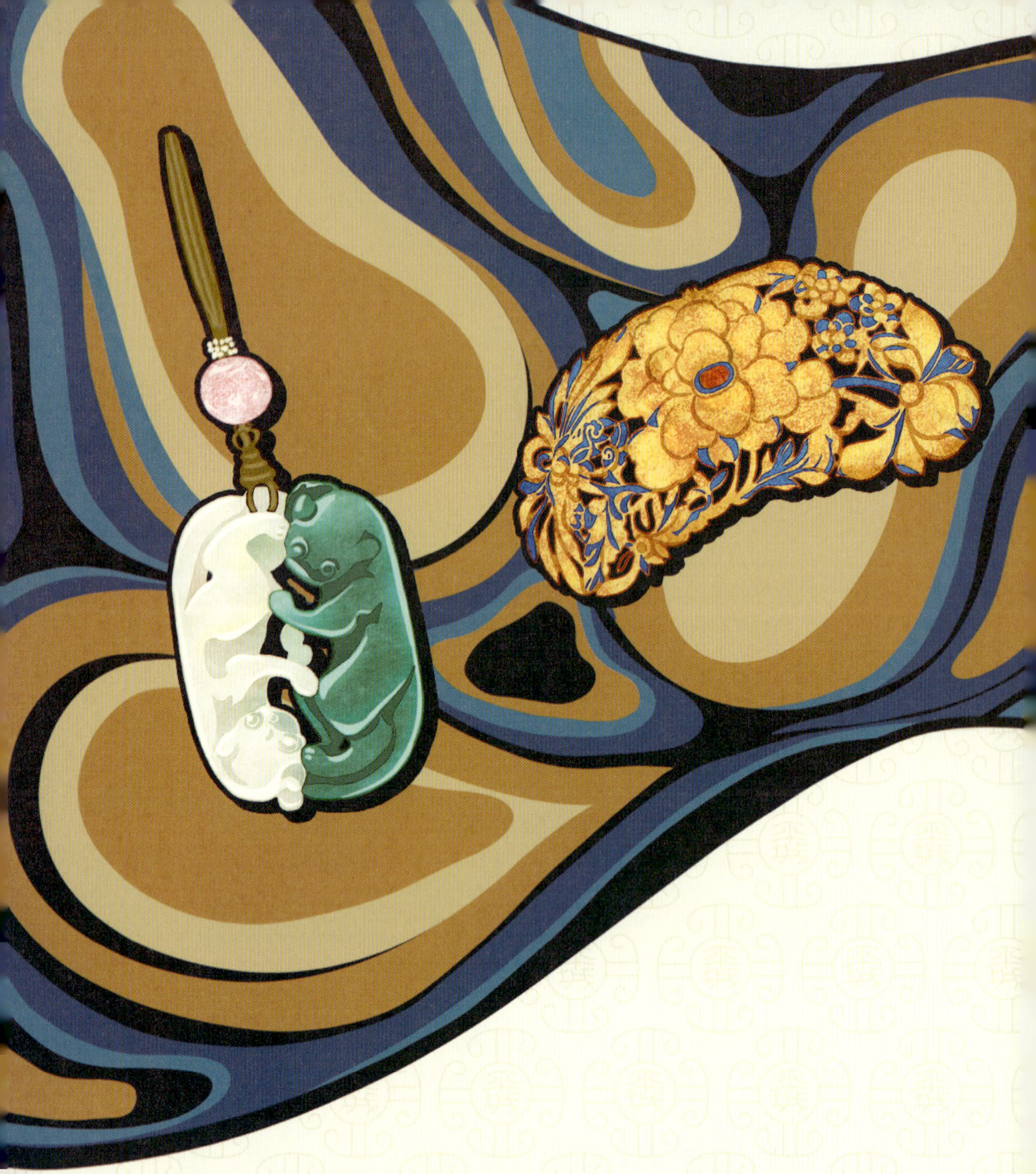

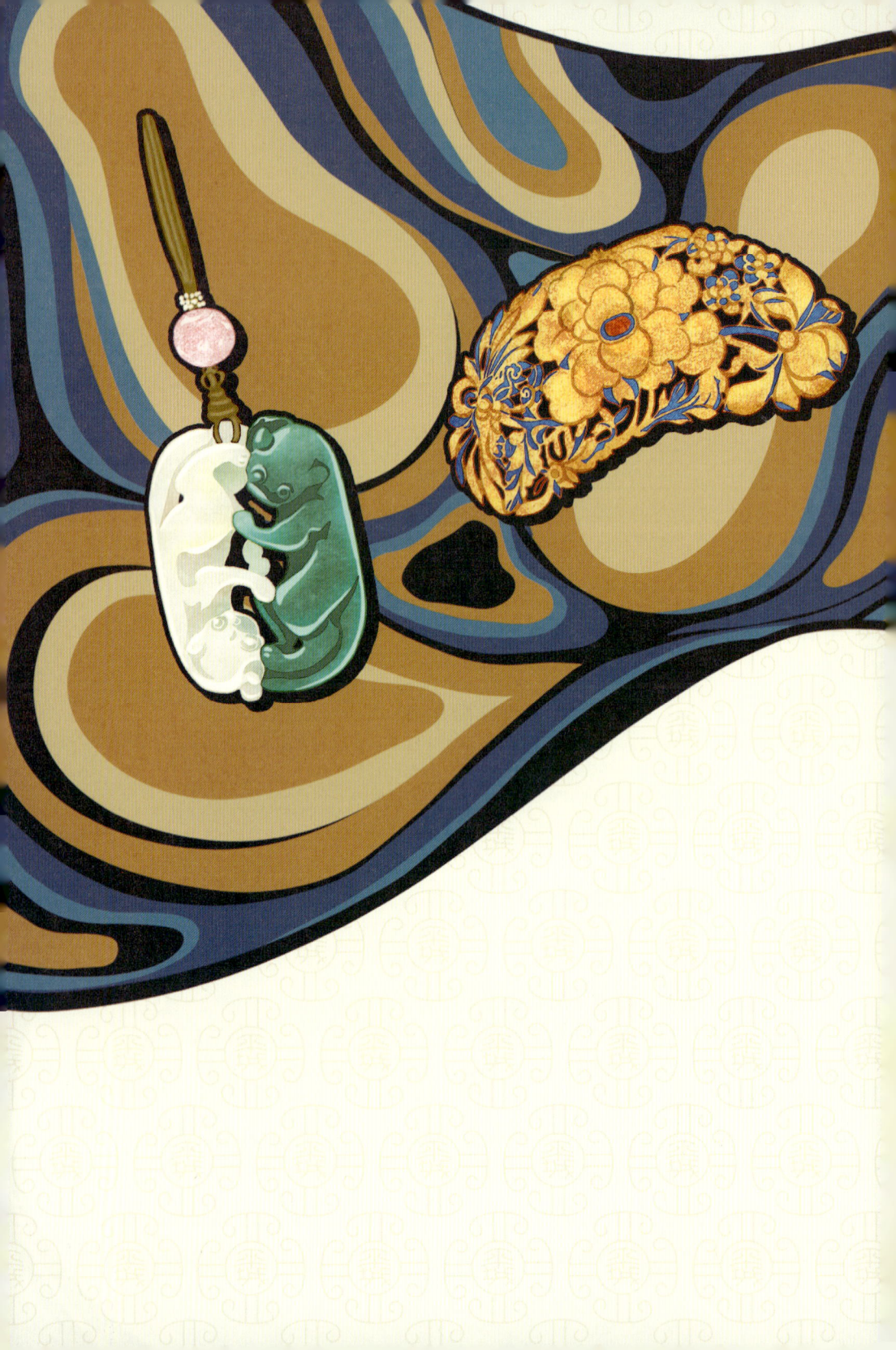

明清重镇

　　明代设大同府，辖四州七县，明太祖十三子朱桂就藩镇守。大同镇城坐落在内外长城之间，是一座历史悠久的塞上古城，自古为军事重镇，城池壮丽雄伟、独具特色，有"北方锁钥"之称。明代长城规模宏大，结构坚固，为加强其防御体系，将其沿线划分为九个防御区，分别驻有重兵，称为九边，大同为九边之首。为解决军饷，明初实行军屯，但无法满足军费开支，遂实行开中法，继而演变为商屯，明末以募兵制取而代之。清初大同城因"姜瓖之变"而遭屠城，一度荒废。清顺治八年恢复原大同府、县治，逐步移民复兴。明清大同的城乡布局、民居建筑和民俗文化，很多一直延续至今。

第一单元
九边重镇

　　大同地区在明代被视为"京师之藩屏，中原之保障"。明代在长城沿线设"九边重镇"，大同府范围之大，为九边之首。整个大同地区形成一个庞大的边防体系，它以城镇为中心，还包括周围各县州卫所，以及城堡72座、边墙500多公里、墩台（包括边墩、火墩）1600余座。同时，大同还在边墙口岸设有马市，成为蒙汉两族之间贸易的重要场所。

　　大同镇，因总兵驻大同而得名。大同镇镇治今山西大同市，管辖东起镇口台（今天镇县北），西至丫角山（今内蒙古清水河口子上村东山）的长城防御。明大同镇长城，始筑于成化八年（1472年），大规模修筑是在明嘉靖年间。镇下又分路，又有关城、隘口。堡或小城是长城防线上的基本单位。北部长城沿线设内五堡（边墙五堡）、外五堡、塞外五堡，共计城堡72座，大同成为雄踞北方之锁钥。据《三云筹俎考》载，大同镇"北捍胡虏以控带幽燕，南总三关以招徕晋魏，翼卫陵寝，屏捍神京，屹然甲九塞焉"。

大同镇长城

明大同镇长城始筑于成化八年（1472年），大规模修筑于嘉靖年间。大同长城东起镇台口，西至丫角山，有内、外长城之分，外长城盘亘于天镇、阳高、大同、左云一线，内长城则经过灵丘、浑源，共计425.5余公里。

大同长城最早是赵长城。赵肃侯即位后，于公元前333年，修南北两道长城。北长城从云中以北到代郡，其位置大致在飞狐、雁门关一线。这条长城是大同地区见于史籍最早的一条长城，其遗址在今灵丘、广灵、浑源地区尚能辨识。公元前300年，赵武灵王筑长城，其走向大致东起河北北部，向西经山西北部，自北沿阴山山脉一直到内蒙古五原以北的狼山和乌拉山，两山如阙甚高，称高阙塞，郦道元《水经注》对这段长城有过精彩记述："长城之际，连山刺天，其山中断，两岸双阙，善能云举，望若阙焉"。之后还有汉长城、北魏长城，明长城是在此基础上修建起来的。

明长城修筑年代，分别为成化二十一年（1465年）、嘉靖二十一年（1542年）及二十三年（1544年）等。明长城自居庸关以西，分南北两线，称内外长城。外长城在天镇长约105公里，阳高辖长城100余公里，大同市区辖南北两条明长城。在大同市浑源、灵丘县的明长城属内长城。以上在大同的内外明长城总长为800多公里。

炮石轰鸣平阳卫

铁炮

明代

长130cm　口径15cm

山西大同东城墙南端出土

铁炮于明代洪武年间出现，分为前装炮、后装炮，有瞄准装置的炮、无瞄准装置的炮。用铁铸炮造价低廉，为大规模生产火炮创造了条件。但铁炮在铸造时易造成缺陷而导致炸裂，对铸造技术要求较高。铸造此炮的平阳卫，冶所在今山西临汾，自唐宋以后一直是著名的冶铁中心。

炮车

大同市博物馆藏

车载炮，下安四轮，上置车厢，炮身嵌安其中，加铁箍五道。车厢两侧各有铁锚两个。用时铁锚置地，用土压实，以减后坐力。用骡马拖曳，可随军机动。

瓷雷

明代
口径2.5cm 底径4.5cm 高7.5cm
捐赠

古代战争中使用的火器。外体为陶瓷，总体呈球形，外表充满刺。顶部有口，内部中空。内装火药，外插竹管引爆，外表的棘突是为了增加爆炸时瓷器碎片的杀伤力。直到抗日战争时期这种瓷雷仍被使用。

雷赅惊天乱石飞

火铳（chòng）

明代
长30～35cm
捐赠

明代的火铳在元代的基础上发展而来，是中国第一代金属管形射击火器，也是火炮的前身。它使热兵器的发展进入一个新的阶段。

火铳种类繁多，从明初的洪武手铳到之后的永乐手铳，造工越来越精细，数量很大。由现存火器上的出厂编号做最保守的估算，当时明铳至少也有16.4万多支。明军当中已经编成有专职使用火铳的部队，号称神机营。

火铳在明朝受到高度重视，得到巨大发展和广泛应用。明洪武时期规定卫所驻军10%的编制要装备火铳，到明后期火器编制的比例达到50%。永乐时期还专门成立了使用火器的部队，号称神机营。但是，火铳存在装填费时、发射速度慢、射击不准确等缺陷，随着佛郎机炮传入，其地位被大炮取代。

炮手取代神机营

明清重镇

第二单元
大同宏府

明洪武五年（1372年），徐达督率军民在辽、金、元土城的基础上"增筑"大同城，大同镇城的规制便于此奠定。明代大同城略呈方形，东西边长1.5公里，南北边长1.75公里，周长6.5公里，面积2.63平方公里。城设四门，城墙之上有62座门楼、角楼、望楼，间隔而立，并建有96座窝铺。后陆续增筑北、东、南三座小城，形成"凤凰单展翅"的格局。清代沿袭大同府、县旧制，"姜瓖之变"后惨遭"斩城""屠城"，但由于其重要的战略地位，大同城又逐渐繁华起来，仍是北方的一座军事重镇。

大同府城

大同镇城坚固险峻，各种城防设施齐备，防御体系自成一体，是我国历代军事重镇中最杰出的典范之一。城墙外有护城河，城墙的外轮廓像齿轮一样，凸凹相间排列有序，马面、角墩、控军台协调配合，防止"死角"部位出现。南城墙的东部建有"雁塔"一座，兼有战时观察的作用。

> **小知识：大同府辖区**
>
> 明代大同府所辖有朔、应、浑源、蔚（今河北蔚县）等四州，大同、怀仁、山阴、广灵、灵丘、广昌（今河北涞源）、马邑（今朔州市朔城区）等七县。清袭明制，雍正、乾隆年间，州县省并，大同府辖二州（浑源、应州），七县（大同、广灵、灵丘、阳高、天镇、山阴、怀仁），一厅（丰镇厅）。

琉璃翠瓦吐云烟

琉璃龙纹筒瓦

明代

大同市博物馆藏

筒瓦是覆盖屋顶的陶质建筑材料，呈半筒形。制坯时，先作成筒形，之后剖成两半烧制。

在古建筑中，筒瓦一般与板瓦、瓦当、滴水组合使用。板瓦弧度小，先纵向仰铺在屋顶上，之后将筒瓦覆扣在两列板瓦之间，如此能达到防止雨水渗流入屋顶的效果。瓦当是筒瓦之头，主要功能是防风雨侵蚀、保护和美化屋檐。以上组合在西周中晚期已经出现，到了唐朝，在两列筒瓦之间，建筑师们又设计了滴水，滴水呈三角形，有助于屋顶排水，也有保护屋檐的作用。

这件琉璃筒瓦，整体为绿色琉璃，筒身有点状纹，瓦当为一条游龙。

鱼龙瞪目护宅屋

琉璃鸱（chī）吻

明代

大同市博物馆藏

　　琉璃是一种带色陶器，以各种颜色的人造水晶为原料，是中国传统建筑中的重要装饰构件，通常用于宫殿、庙宇、陵寝等重要建筑，属于高等级阶层使用之物。

　　鸱吻，是龙的第九子，形象为龙与鱼的合体。生性喜欢眺望和吞火，因此古代把它用作建筑物的装饰，放在屋脊的两端，用来镇火、保平安。

　　这件鸱吻为大同旧城改造时发现，是代王府屋脊上的一个，瞪目龇牙，鬃发飞扬，颇具辟邪神韵。

小知识：代王府邸

　　代王府于明洪武二十五年（1392年）以辽、金西京国子监改建，为太祖朱元璋第13子代王朱桂的府邸，坐落于大同城东北，坐北朝南，占地面积为15～20万平方米，辟有四门：东华门、西华门、后宰门、端礼门。端礼门为王府的正门，门内置九龙壁，与和阳街相临。整个建筑金碧辉煌，豪华壮丽，廊庑（wǔ）联结，屋宇错落，殿堂深邃，回廊曲折，是一座完整的王城府邸。

衙署街巷

大同城以四牌楼为中心，分成四隅。城内布局规整，错落有序，西半部属大同前卫管理，东半部属大同后卫管理，主干道成三经三纬的棋盘状，街道纵横相切，居民分布在棋盘式的绵绵小巷中，"四大街、八小巷、七十二条绵绵巷"是大同城街巷格局的鲜明写照。

琉璃题额

明代
大同市博物馆藏

建筑之眼对屋檐

匾额，是古建筑的必要组成部分，相当于古建筑的眼睛，一般挂在门上方、屋檐下，既有装饰作用，同时又反映建筑物名称和性质，表达人的义理、情感。它将辞赋诗文、书法篆刻、建筑艺术融为一体，是中华文化园地里的一朵奇葩。

这件匾额，琉璃面，上题"天下太平"四字，周围装饰云纹，为崇祯十六年（1643年）秋季制作。

第三单元
明清商贸

　　明代大同驻军数量众多，所需开支庞大。明初相继实行的军屯、商屯和开中法，既有效地保证了军需费用，也为晋商崛起创造了契机。作为外贸通商口岸，大同是北方蒙古族进入中原的主要通道，也是西域各国贡使进京入贡的必经之路，还是晋商通往蒙、俄市场的辐射点和中转站。清初经历了"姜瓖之变"被屠城之后，大同经济元气大伤，直至康乾之际才开始复苏。

　　明代的大同不仅是一座军事重镇和军屯、商屯的一处重要基地，而且还是一座"繁华竞逐"的贸易城。明代这里是蒙古贵族"入贡"的一条重要通道，以及蒙汉人民与西北各少数民族、中亚邻邦互易的一处重要场所，史籍上有"贡使络绎，商队接踵"，"往来接送及延住弥月"的记载。明朝曾在大同三设马市，还建有月市、小市、大市等，今大同市城区的唐市角、马市角，新荣区得胜堡，天镇的平远堡都是当年繁荣的市场。大同马市也为晋商的发展提供了大显身手的历史舞台。清朝大同边贸经山西商人开拓，商品交流盛况空前，是重要的"茶叶之路"。

边境贸易

　　大同马市始于正统三年（1438年），历经三起三落。长城内外各族人民公平交易，互通有无。马市贸易带给边镇人民休养生息的机会，推动了长城内外社会生产力的恢复和发展；同时也有力地促进了山西各地经贸发展，带动明代晋商不断兴起。

大车

车长4.35m　车宽1.34m　车高0.66m　轱辘直径1.23m
大同市博物馆藏

　　此类木制两轮马车是明清时期大同边贸活动中常用的货物运输工具。以马驾辕，车轮巨大，主体为木质框架，以铜件固定，轮外檐与地面接触的面箍铜圈，结实耐磨，对路况适应性强。车厢上有高出的车帮，防止货物掉漏；帮上有柽（chēng），便于穿绳捆扎货物。车厢前部有车梯，不用时吊在车厢底部，车停的时候，可放下，与车轮形成三个支撑点，保持车的平衡；这样就可以给驾辕的马解套，马便可得到休息。两轮前后以砖头戗（qiāng）住，以免车滑动。

　　马车的设计反映了古人的智慧，在古代西部以陆路交通为主的运输上，功不可没。

车轮嘶哑老蝉声

> **小知识：走西口**
>
> 晋北地区自然条件恶劣，为生活所迫，人们常到关外谋生，通常是通过杀虎口进入和林格尔和清水河，然后到土默特平原，也有部分到达河套平原和后山地区。"走西口"作为一种社会商贸活动，加强了蒙汉人民的融合和团结，也促进了内蒙古地区手工业、商业和城市建设的发展。

百业兴盛

在遭受清初重创之后，凭借交通便利的地缘优势，南下的内蒙古客商与北上的关南晋商不断聚集于此，大同商业逐步恢复。

普救众生尊药王

铁拐李铜像

明代
通高55.5cm
山西大同工商联捐赠

铁拐李，又名李玄，是中国民间传说及道教中的八仙之一。传说中他精研药理，并炼得专治风湿骨痛的药膏，常年挂着一个大药葫芦，恩泽乡里，普救众生，被百姓尊为"药王"。八仙中，铁拐李资格最老，被称为八仙之首。

这尊铜像，袒腹跛足，蓬头束箍，浓须巨眼，一手拄铁杖，一手举葫芦，动作洒脱不羁。左脚颠靠在拐上，右脚踩在云头，势如起步之状，底座有"德荣堂王瑞敬"六字。整体造型亦丐亦仙，惟妙惟肖、栩栩如生。

钢雕凹版首印钞

正面　　　　　　　　背面

大清银行兑换券（1911年试色样票）

清代

  宣统二年（1910年），清政府为了统一全国币制，计划发行大清银行兑换券（俗称大清龙钞），设有1元、5元、10元、100元四种面额。

  这张10元面额的大清银行兑换券，正面为黑色，票面左侧为摄政王载沣半身像，右上方为巨龙腾空图，下方为长城，印有"凭券即付银币拾元全国通用"字样以及红色编号。背面为蓝色，印有大清银行英文行名并盖"大清银行监督"和"检校印记"两枚印章。该套兑换券从宣统三年（1911年）开始设计试色样票，但未发行即因王朝覆灭而胎死腹中。

  大清银行兑换券的图案设计和印刷工艺精致美观、清晰大方，历来为中外钱币收藏者所喜爱，原试色样票传世极少，属罕见珍品。它是中国历史上第一家由官方开办的具有央行性质的金融机构发行的纸币，是我国首次采用钢板雕刻凹印技术印制的纸币，在中国金融史和货币史上占有重要地位。

> **小知识：户部银行**
>
>   光绪三十一年（1905年），清政府在北京设立"户部银行"，这是我国最早由官方开办的国家银行。光绪三十四年（1908年），"户部银行"改称"大清银行"，是中国金融史上第一个由国人全资控制的金融机构。宣统二年（1910年），规定纸币由大清银行发行，名曰"大清银行兑换券"。

明清重镇　225

第四单元
塞北人家

　　大同是汉民族与北方少数民族的交接地带，是多民族聚居的融合地带。其地北接内蒙古，东临京城，南望都府（洛阳），使得大同地区的风俗既受到中原文化的影响，又存在明显差异，形成了以汉民族文化为主体，同时又大量吸收和融合了北方少数民族文化成分，多民族文化共融的现象，构成特殊的风土民情。各族人民长期交往、通婚，无论体态、容貌，还是居住环境、饮食起居、节日习俗等，都充满着北方民族的生活气息和浓郁的地方风情。

民生百态

　　大同北接内蒙古、东望京城，风俗民情带有北方草原民族文化的元素。各族人民长期交融共处，居住环境、饮食起居和节日习俗等，都有着北方民族的生活气息和浓郁的地方风情。同时，大同地处塞上，地寒土瘠，风沙不断，故其室内陈设和生活服饰颇具地方特点。

雅事独爱熏香坐

狮钮铜熏炉

清代
高48cm 腹径32cm
大同市博物馆旧藏

  铜熏炉是中国古时用青铜铸造的用来熏香或取暖的炉子。
  这件铜熏炉为直颈,颈饰双耳,双耳向外弯曲,口沿处以镂空的钱币造型相连。鼓形的炉腹,三个兽形足,器盖镂雕凤鸟图,以狮子滚绣球的造型为钮,狮子作昂首怒吼状。颈腹部以回纹为地,雕神兽纹饰,制作细致,古朴庄重。
  "熏香"被视为"十大雅事"之首,抚琴作画,静坐品茗,常熏香以衬托气氛。先秦时人们将一些带有特殊气味或芳香味的植物直接焚烧,利用焚烧时的烟气来驱逐蚊蝇。
  汉时商通西域,香料之路繁荣,外来香料大盛,用香之风盛行,进入了熏炉的大发展时期。

明清重镇

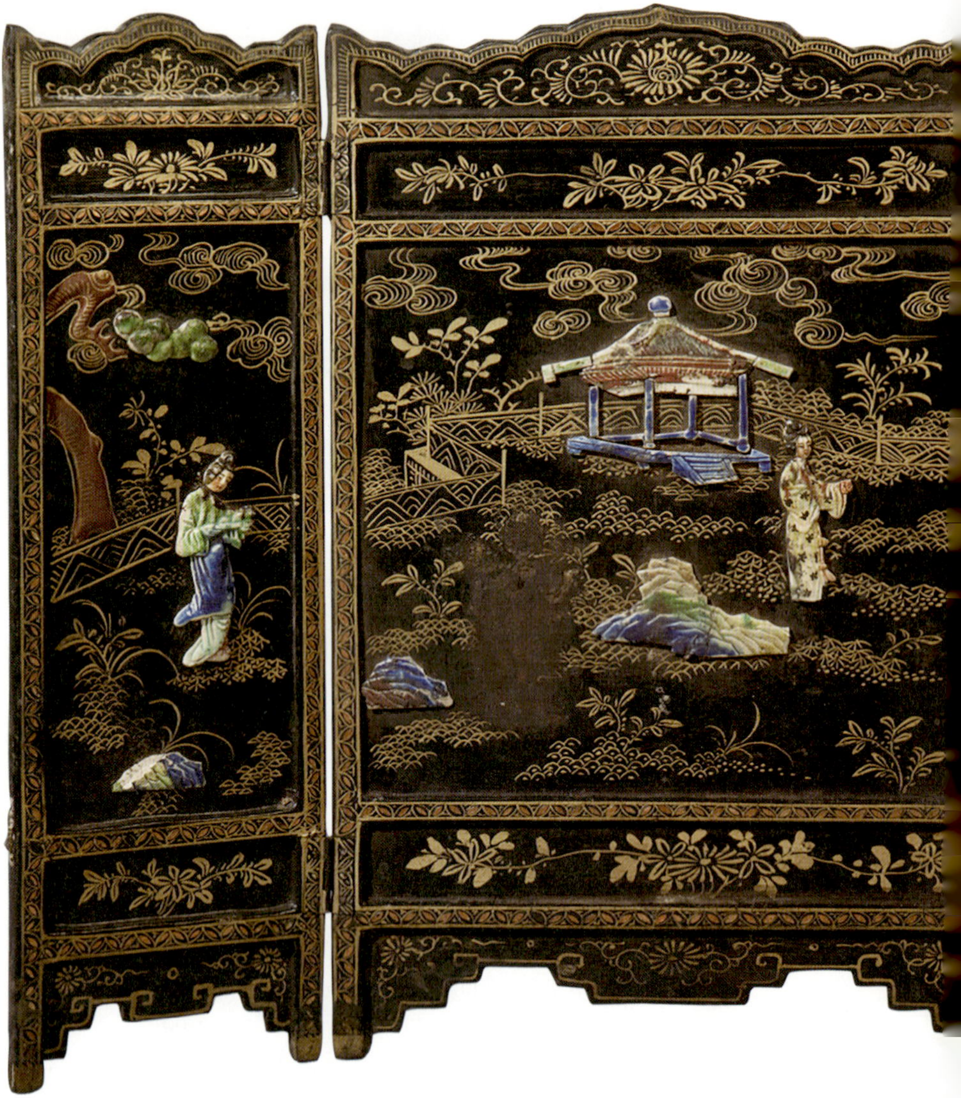

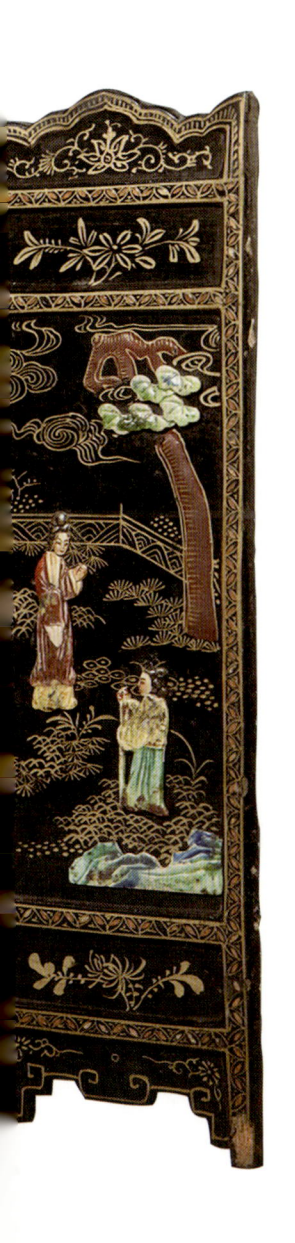

> **小知识：螺钿**
>
> "螺钿"是中国特有的艺术瑰宝，也是一种传统装饰工艺，指用鲍、贝、螺等的壳打磨加工成人物、花鸟、文字等薄片，再根据画面需要镶嵌在器物表面的装饰工艺的总称。

螺钿影屏自生辉

螺钿木影屏

清代
长41.5cm　高36cm
大同市财政局移交

这件螺钿木影屏，由三块影屏组成，中间宽，两边窄，以合页相连。通体髹（xiū）黑漆为地，边框镶嵌螺钿莲瓣纹，开光内嵌螺钿花卉纹。框内镶嵌有螺钿、色石组成的人物图，并彩绘有树木、花草、亭台等图案。下有云头纹式牙板，上嵌有螺钿、料石雕刻的花卉图纹。

螺钿工艺兴于唐宋，盛于元明，至清初达到炉火纯青的程度。螺钿制作的成品纹理丰富颜色多变，永不褪色，常被应用于漆器、家具、乐器、插屏以及木雕一类的工艺品上。

明清重镇　229

家具陈设

明清时的家具陈设多强调实用功能，追求文化和艺术品位。正房中的条案通常摆有花瓶两对，中间放插屏，取其谐音"平静"，表明屋主人对其生活状态的一种希望和寄托，条案前摆八仙桌，桌两边放太师椅，客人造访，主左宾右而坐。书房中会摆放书案、书桌、百宝格，主人喜好的书籍玩器罗列其中。家具陈设的格调体现出古代社会不同群体的爱好、兴趣、品位，折射出他们知足常乐、平静安详的心理追求。

整装端坐八丈威

硬木太师椅

民国
长64cm 宽45cm 高95cm
大同市博物馆藏

太师椅最早见于宋代，流行于清代，最初的形式类似于交椅，逐渐演变成体态宽大，靠背与扶手连成一片，形成一个三扇、五扇或者是多扇的围屏式。

太师椅是中国家具中唯一以官职来命名的椅子，硬木制成，庄重严谨，规规矩矩，端坐其上，"舒适让位于尊严"，无论在办公场所还是在家中，都能显示"坐者"的地位和权力。

裙钗环佩

明代首饰工艺高度发达，特别是镶嵌、花丝、錾（zàn）刻、制胎等工艺已十分纯熟，清代在承袭前朝技法的基础上，将"点翠"工艺发展至高峰，首饰风格与女性的服饰格调相映成趣。襦裙是明代最具代表性的女装款式，上身为短襦，下身以马面裙为主，直至清代，汉族妇女仍有穿着，在明清两代，大同地区的女性偏爱鲜衣艳服，为时人所赞："九边如大同，其繁华富庶不下江南，而妇女之美丽，什物之精好，皆边阵所无者。"

发冠精美分尊卑

镀金银发冠

明代
口径5cm　高3cm
山西大同齐家坡沙场出土

发冠是一种头饰，通常由金属制成，用于装饰头发。在春秋战国时期，发冠被广泛地使用，种类也非常多样化，有的是简单的金属环，有的则有复杂的花纹和图案。

此发冠为银制，通体鎏金，整体运用捶揲（yè）技法。发冠用一周单线条的高圈将其分为两个部分，上端通体饰龙纹，下端饰博山纹和云纹，高圈上部有四个等距离大小相同的镂孔。器物纹饰繁多，刻工精细，是一件精美的明代发冠。

发冠的使用不仅仅是为了装饰头发，更是一种身份的象征。贵族们会佩戴华丽的发冠，以显示自己的身份和地位。自汉代起，制定了衣冠制度，通过冠帽就可以区分出一个人的官职、身份和等级，或通过不同的冠帽来表现不同场合的礼节和仪式。

宝钗压鬓笑东风

铜鎏金点翠蝉纹发钗

清代
曲长19cm　宽4.2cm
山西大同广灵县出土

发钗是中国古代汉族妇女的一种首饰，为叉形双股饰品，有"双股为钗，单股为簪"之说，一般用金、银、铜等金属材质打造，其上雕琢有不同的花纹，有的还用吊坠加以点缀。

本件发钗为铜鎏金，其造型为蝉形，蝉身及两翅采用点翠工艺，嵌精美翠毛，用两条细长的钗柄为蝉尾，以备别插。

蝉纹，即以蝉的造型作为艺术装饰的纹样。古人根据蝉食干净露水的习性，寄予了蝉不食人间烟火的寓意，多用蝉纹表现人品的高雅圣洁。

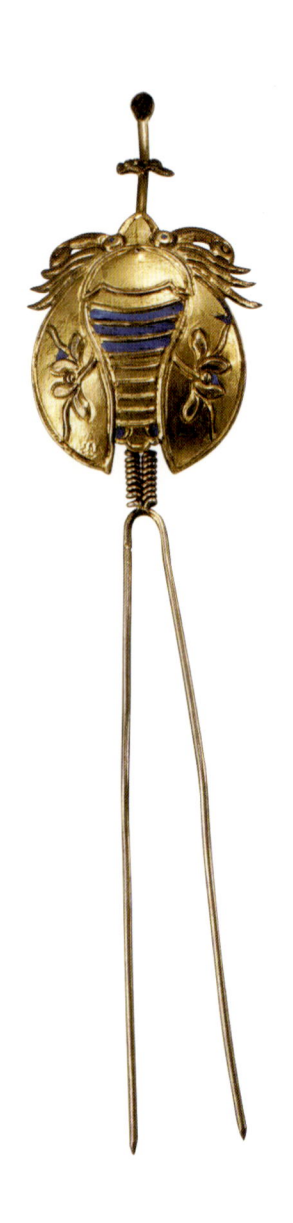

额上钿饰结子名

铜鎏金点翠花蝶纹结子

清代

曲长14cm　宽7cm

山西大同广灵县出土

　　结子是钿花的一种，钿花是钿子的组成部分，清代钿子是一种类似于冠的头饰，是清代宫廷女子的首饰，也是身份尊贵的象征。

　　钿子主要分为凤钿和常服钿两种，根据装饰在钿子素胎位置的不同，名字也有不同，分别为面簪、结子、钿口、钿尾、头面、翠条等。其中"结子"是指使用在抹额上的钿制装饰物。

　　这件饰品通体鎏金，形似椭圆状，整体饰牡丹纹，花与叶之间为镂空状，花心和叶处均采用点翠工艺，饰物形似一簇盛开的牡丹，雕工精湛，绮丽夺目，是清代饰品佳作。

小知识：点翠

　　点翠是一门古老的工艺，自汉代时期已有。它也是一门残忍的艺术，每件点翠饰品都需要拔掉翠鸟背部蓝色的羽毛制成——先用金或镏金的金属做成不同图案的底座，再把翠鸟的羽毛仔细地镶嵌在座上。清乾隆时期，点翠工艺发展到了顶峰，逐步形成一门独特的金工技艺，渗透贵族生活的方方面面，小到首饰，大到摆件、屏风、家具，都能看到点翠的身影。点翠的风行不仅因为其外形精致，更因为其工艺复杂、原料稀有、色久不褪，而成为身份的象征。

明清重镇

梵语清音

  公元前5世纪，凝结着先哲智慧的佛教在印度诞生，两汉之际，东传我国。5世纪入主中原的北魏王朝以兼收并蓄的广博胸襟吸纳了这种来自异国的文化。武周山前，铿锵的钎锤不仅铭刻着佛教在大同渐次中国化的进程，也拉开了大同作为雕塑之都的序幕。由北魏而及唐辽，由金元到

明清，云冈石窟将雄健与辉煌凿于岩；曲回寺将虔诚与喜悦雕于石；华严寺、善化寺将庄严与雍容塑于形；永安寺、云林寺将谦恭与信心绘于壁，延绵流传，奇葩纷呈。1500余年，一尊尊或雕于寺观，或藏于民间的雕塑艺术珍品成为大同历史脉搏及文化精髓的重要载体，它们用或博大雄健，或简约流畅的民族性格将大同悠远而灿烂的文明雕凿成为永恒。

海会遗珍

华严寺位于大同市城区西南隅，寺内金代巨构大雄宝殿为全国现存最大的单体建筑。海会殿为寺内配殿，建于辽代，20世纪50年代拆毁，原殿内18尊造像现存大同市博物馆。造像均由青石雕刻而成，面相庄严，气度雍容，具有鲜明的时代特征。

华严海会自雍容

石雕佛坐像

辽金时期

78cm

大同市华严寺海会殿遗存

海会殿是华严寺里的配殿，其中的造像均由玄武岩雕刻而成，结跏趺坐，面相庄严，手印各异，气度雍容，具有鲜明的辽金时代造像特征。

华严寺，位于山西大同古城内西南隅，始建于辽重熙七年（1038年），依据佛教经典《华严经》而命名。后毁于战争，金天眷三年（1140年）重建。明中叶以后，华严寺分为上、下二寺，海会殿原址位于下华严寺的薄伽教藏殿北侧。

十八罗汉

罗汉是梵文阿罗汉的简称，意为"应供"，即跳出轮回、抛却烦恼，应当受到众生供养的意思。汉藏佛教普遍敬奉和供养。现存汉译佛经中有关十六罗汉最早的典据见于唐玄奘大师所译的《法住记》，宋代增为十八罗汉，之后十八罗汉常作为释迦牟尼佛或三世佛的环卫塑在大雄宝殿中。由于罗汉的梵文名字很长，人们就根据他们的各自特征，附加了言简意赅的称呼，便形成了现在的十八罗汉名号。

骑象轩昂怀众生

泥塑骑象罗汉坐像

明代
高56cm
征集

这尊泥塑骑象罗汉坐像是明代作品，征集于民间。骑象罗汉一般指佛教中的迦理迦尊者，是释迦牟尼的弟子，佛家对他的描述是：骑象轩昂，诵经朗朗，心怀众生，目及四方。该塑像的着衣风格明显具有明代特征。

罗汉是佛陀得道弟子修证最高的果位，寓意百兽不侵、长寿无极、衣食无忧。唐玄奘大师所译的《法住记》中记为十六罗汉，宋代增为十八罗汉，之后十八罗汉常作为释迦牟尼佛或三世佛的环卫塑在大雄宝殿中。

大同地区自北魏经辽金，直到明清，一直是佛教重地，被称为"佛都""佛国京华"，佛教建筑和文物遗存遍布城乡。

梵语清音

关帝庙窖藏

2008年10月21日在城内鼓楼东街关帝庙保护修复施工中发现窖藏一处，出土具有典型明代特征的佛道铜造像57尊。这批造像造型准确，塑工精致。其中佛教造像含蓄庄严，道教造像安谧恬静，具有很高的艺术价值。铜像刻有纪年、铸造场地铭文，表明它们是大同地区所产。

仁慈正烈保平安

真武大帝坐像

明代
高59cm　座长25.5cm　最宽26cm
山西大同关帝庙窖藏出土

这一尊真武大帝坐像出土于大同市鼓楼东街关帝庙内的一处窖藏中，根据出土的同批造像所刻纪年、场地等铭文认定为明代铜铸。该造像面相仁慈，气质英武，长发及背，端坐安详，身穿玄色滚龙袍，铠甲护胸，具有明代帝王的衣着特征。

真武大帝又称玄天上帝、荡魔天尊，是道教中的北方保护神，掌管三界之水。由于明成祖的大力提倡，明代是真武大帝声势显赫、民间信仰最为普遍的鼎盛时期。

大同关帝庙是大同市唯一一处元代建筑，属于国家级文物保护单位。

民间造像

明清时期佛道融合加剧。乡间田野、寻常巷陌，寺观林立。民间供养佛道造像也更加普遍。这时期的铜佛造像有汉传、藏传等多种类型，道教造像更是题材多样。遍布民间的佛教造像表明佛教已浸润到社会生活的各个角落。

救度众生称佛母

绿度母铜坐像

明代
高39.5cm
捐赠

这尊坐像来自社会捐赠，是明代民间较为普遍供养佛道造像的实物见证。

度母又称圣救度佛母、救八难度母，是藏传佛教中观世音菩萨的化身，在我国古代称为多罗菩萨、多罗观音。绿度母造像为菩萨装，全身呈翠绿色，面容姣好，身材纤细，头戴小五佛宝冠，身佩珠宝璎珞，着天衣重裙，坐在莲花月轮上，左腿单坐，右腿伸展，左手在胸前轻拈兰花指，右手放在左膝外，掌心向上伸开。"圣洁美妙翠绿身，神态慈祥目深沉。"其形象华贵美丽，慈祥庄严，在我国古代信仰佛教的民间信众尤其是女性信众中，传播较广。

梵语清音　239

大同恐龙

中生代时期大同地区地貌为断陷盆地，是恐龙生息繁衍的理想场所，为我们留下了丰富的恐龙化石。

1958年，我国著名的古生物学家杨钟健院士在左云发现了蒙古疾驰龙、戈壁微角龙以及姜氏巴克龙三种恐龙的化石，并发表了相关论文，这

是大同最早发现的恐龙化石。

此后,大同市博物馆、山西省考古研究院、河北地质大学、地矿部矿产研究所、中国科学院古脊椎与古人类研究所和中国地质科学院地质研究所等在大同的市郊、左云、天镇等地进行了多次调查与发掘,采获大批多种类的恐龙化石。

不寻常华北龙是天镇恐龙动物群的代表之一,其化石是迄今为止中国发现的亚洲最大、最完整的晚白垩(è)纪蜥脚类恐龙化石,填补了我国白垩纪晚期完整蜥脚类恐龙化石的空白。

以杨氏天镇龙化石为代表的保存完好的甲龙头骨和头后骨骼,也为我国颇为缺乏的完整甲龙化石补充了新材料。

第一单元
恐龙进化

在地球漫长的岁月中，生物的形态和种类都有惊人的变化。在距今2.5亿年前地球进入三叠纪，未来一段时间地球的统治者恐龙在这时候出现了。虽然到目前为止依旧不能确定恐龙究竟是从什么动物进化而来，但是大约出现在2.9亿年前的某些早期的槽齿类动物，极有可能是恐龙的祖先。它们和鳄鱼长得非常相像，后来演化成用双脚行走的动物。虽然恐龙此时已经出现了，但它们并不是那个时代的主角。原始的爬行动物如扁肯氏兽和波斯特鳄仍然位居生物族群的顶端，而刚刚出现的恐龙——腔骨龙，只能在它们的夹缝中苦苦挣扎，同时期的代表性恐龙还有板龙和始盗龙。

在三叠纪末期，地球上再次发生了生物灭绝事件，几乎所有的动物和植物都死了。但是恐龙存活了下来，它们几经辛苦等待的机会终于来临。于是，在距今1.9亿年前的侏罗纪，恐龙一下子成为世界的主宰者，这一时期的代表性恐龙主要有异特龙、剑龙、腕龙、梁龙、雷龙。

进入白垩（è）纪后，恐龙迎来了自己的黄金时代，它统治着陆地，其种族内部肉食性恐龙和草食性恐龙之间的斗争成了当时世界上最激烈的斗争，这一时期的代表性恐龙主要有霸王龙、甲龙、冥河龙等。可惜再强大的事物也有衰败的时候，在白垩纪末期，面对不可阻挡的自然力量，恐龙这一种群逐渐从地球上消失了。

恐龙

恐龙是一类能以后肢支撑身体直立行走的陆生爬行动物，现已灭绝，生活于距今大约2.35亿年至6500万年前。恐龙与其他灭绝爬行类的最大区别在于它们的站立姿态和行进方式。恐龙具有全然直立的姿势，其四肢构建在其身体的正下方，而其他爬行类动物四肢是向外伸展的，这种直立构建比其他爬行类利于奔走。1842年，英国古生物学者理查德·欧文（Richard Owen）创造了"恐龙"这一名词。

1989年南极洲发现恐龙化石，表明全世界七大洲都有恐龙的遗迹。目前全球已发现的恐龙大约有300属、500种。中国已描述和定名的约有200种。

第二单元
大同恐龙

假设我们可以穿越时空，回到距今2.5亿至0.65亿年前的中生代。我们可以目睹地球上的陆地从联合在一起的泛大陆到各个洲大陆慢慢分开漂移的过程，地球当时的主宰者——恐龙，也从大家共用一块领地到隔海相望，各自生育繁衍。

恐龙自2.35亿年前在地球上出现到距今0.65亿年前在地球上灭绝，在地球上生活了1.7亿年之久，足迹遍布七大洲。中国是世界上恐龙化石最多的国家，东起山东与浙江，西达新疆，北从内蒙古与黑龙江，南至广东都有恐龙化石发现，时代跨越三叠纪、侏罗纪和白垩（è）纪，现在已经命名的恐龙有200多种。

中生代时期的大同同样是恐龙的乐园，大同恐龙生活在植被茂盛、水系发达的冲积平原上，形成了庞大的恐龙家族。它们中有体长20～30米的不寻常华北龙，有具备惊人防御力的天镇甲龙，还有会游泳的鸭嘴龙以及拥有锋利前爪的跃龙。它们在大同这片土地上取食、嬉戏、争斗、繁衍，最终在无法抵御的自然力量作用下走向消亡。

大同北郊区恐龙化石

大同市北郊第一次发现恐龙化石是在1973年，新荣区一位农民在其耕地中发现了多件兽脚类食肉型跃龙的椎体化石并上交大同市博物馆收藏。

1995年中国科学院古脊椎动物与古人类研究所的专家前往化石出土地进行考察，发现了一鸟脚类恐龙的肠骨化石。

1996年，在该地又发现一大型蜥脚类恐龙的股骨化石。这些恐龙化石的发现对大同地区地层化石分布的时代划分与对比有着重要的意义。

跃龙脊椎化石

晚侏罗世
排列共约1m长　直径10～20cm
山西大同新荣区新荣镇出土

跃龙，又称异特龙或异龙，是兽脚亚目肉食龙下目恐龙的一属。异特龙是一种大型的二足、掠食性恐龙，平均身长为8.5米，最长可达到12米到13米。它们生存于1.55亿至1.5亿年前的侏罗纪晚期。其下颌可以前后滑动，在进食时颌部可先上下张开，然后再左右撑开吞下食物，嘴部拥有数十颗大型、锐利、弯曲的牙齿。相较于强壮的后肢，它的前肢小，手部有三指，指爪大而弯曲，长度为25厘米。其尾巴长而重，可平衡身体与头部的重量。其主要食物来源是草食性恐龙，有时也吃其他动物尸体。

左云县恐龙化石

1958年，时任中国科学院原古脊椎动物研究所所长的杨钟健先生在左云县辛窑沟、塔南沟发现蒙古疾驰龙、戈壁微角龙以及姜氏巴克龙三类恐龙的化石。经鉴定，所含上述化石的地层为白垩（è）纪时期的。这是山西首次发现恐龙化石，对于大同地区地层的时代鉴定起到了重要的作用。

兽脚类蒙古疾驰龙又名蒙古迅猛龙，为肉食性恐龙，两足行走，体长约2.5米，体重约25公斤。生活在白垩纪，分布在中国和蒙古国一带。

蒙古迅猛龙的化石于1924年首次发现于蒙古国的戈壁沙漠，蒙古迅猛龙的身体较轻，行走非常敏捷，脑袋较大，前肢和后肢上都长有长达5厘米匕首状的利爪，非常凶猛。

蜥脚类龙化石

白垩纪
山西大同左云县站马沟出土

蜥脚龙是体型最大的恐龙，也是地球上出现过的最大的陆生动物，于三叠纪晚期或侏罗纪早期经演化而成，其族群最繁盛的时期为侏罗纪晚期，并一直生存到白垩纪。

蜥脚龙颈长，所以能采食树上，甚至树木顶端的食物，取食方式与现代的长颈鹿略微相同，其牙齿往往小而细，数量不多。蜥脚类恐龙有着惊人的体长，为15～30米。

大同地区的古植物

硅化木

侏罗纪
高约90cm 直径70～80cm
大同市博物馆藏

　　硅化木是树木被迅速埋藏，且在漫长的埋藏过程中，树木原本的木质素等成分被带出，以二氧化硅为主的其他物质被带入，取代了木质成分，发生石化作用而形成。它的木质纤维已荡然无存，但树木的木质结构和纹理依旧清晰可见。

鳞木化石

石炭纪
长约60cm
山西大同矿区出土

天镇恐龙

大同市天镇恐龙动物群最初发现于天镇县赵家沟乡。1981年，北京师范大学研究生刘锡清首次在此发现恐龙化石。

1983年，石家庄经济学院庞其清教授和中国地质科学院地质研究所程政武教授进行地层考察时又发现新的化石地点，并于1989—1994年间先后5次进行发掘，采获大量各类恐龙化石。该批化石中发现一种甲龙新属新种"杨氏天镇龙"和另一具保存较完好的新科新属新种"不寻常华北龙"的大型恐龙骨架，杨氏天镇龙是天镇恐龙动物群的代表之一，也是迄今为止中国发现的亚洲最大、最完整的晚白垩（è）纪蜥脚类恐龙化石，填补了我国白垩纪晚期完整蜥脚类恐龙化石的空白，保存完好的甲龙头骨和头后骨骼，也为我国颇为缺乏的完整甲龙化石增加了新材料。

这批化石距今约7300万年，以晚白垩世的蜥脚类华北龙科和鸟臀类甲龙科的化石为代表，另含有鸭嘴龙类、兽脚类的一批新恐龙动物群。

　　2010年大同市博物馆与中国科学院地质与地球物理研究所联合调查了贾家屯南冯窑化石的分布范围和埋藏情况，采集了一批较有价值的恐龙化石。种类以鸟臀类甲龙为主，另发现个别兽脚类恐龙化石。

天镇甲龙复原骨架

晚白垩世

长440cm　宽110cm　高113cm

山西大同天镇县贾家屯乡南冯窑村出土

第三单元
恐龙灭绝

关于恐龙灭绝的原因,人们仍在研究中。长期以来,有权威观点认为,恐龙的灭绝和6500万年前的一颗大陨星有关。据研究,当时曾有一颗直径7~10千米的小行星坠落在地球表面,引起一场大爆炸,把大量的尘埃抛入大气层,形成遮天蔽日的尘雾,导致植物的光合作用暂时停止,恐龙因此而灭绝。

小行星撞击说

在恐龙绝灭假说中，小行星撞击说最为流行。此说认为，小行星（后有学者认为彗星的可能性更大）才是杀死恐龙的罪魁祸首。小行星撞击说是1979年由美国物理学家阿尔瓦雷斯等人提出的。他们认为，6500万年前的一颗直径约为7~10千米的小行星与地球相撞，发生猛烈大爆炸，大量尘埃抛入大气层中，致使数月之内阳光被遮挡，大地一片黑暗寒冷，植物枯死，食物链中断，包括恐龙在内的很多动物绝灭。

气候变迁说

在距今6500万年前，曾分隔北冰洋与其他大洋的"堤岸"突然决口，北冰洋"外溢"的冷水形成海洋冷流，海水温度迅速下降了大约20摄氏度。大陆上空的空气也因此变冷，水蒸气含量迅速减少，陆地上普遍干旱。恐龙无法适应这种环境，尤其是雄性个体的生殖系统遭到严重损坏，导致恐龙无法繁殖后代，最终灭绝。

大陆漂移说

通过对化石的研究，现在科学界已经证明在恐龙时代的最后几百万年的时间里，陆地上的气候季节性明显增强，出现了寒冷的冬天和炎热的夏天的交替。进入侏罗纪以后，超级大陆解体速度加快。由于大陆位置的变化造成了大陆气候的变化，大陆离开赤道越来越远，气候逐渐变冷，造成了恐龙的灭绝。

物种争斗说

恐龙年代末期,最初的小型哺乳类动物出现了,这些动物属啮齿类食肉动物,可能以恐龙蛋为食。由于这种小型动物缺乏天敌,越来越多,最终吃光了恐龙蛋。

地磁变化说

现代生物学证明,某些生物的死亡与磁场有关。对磁场比较敏感的生物,在地球磁场发生变化(磁极倒转以及强度的变化)的时候,可能导致灭绝。

被子植物中毒说

恐龙年代末期,地球上的裸子植物逐渐消亡,取而代之的是大量的被子植物,这些植物中含有裸子植物中所没有的毒素,形体巨大的恐龙食量奇大,大量摄入被子植物导致体内毒素积累过多,最终被毒死了。

酸雨说

6500万年前，一颗小行星与地球发生了碰撞，导致地球大气层变得非常湿润，潮湿度是之前的6.5倍。其中包含着富含硫黄的沉积物，这些硫黄沉积物与水汽发生反应能够形成硫酸气雾，可能下过强烈的酸雨，使土壤中包括锶在内的微量元素被溶解，恐龙通过饮水和食物直接或间接地摄入锶，出现急性或慢性中毒，最后一批批死掉了。

小知识：大同恐龙地理分布

大同盆地位于山西北部，是形成于新生代第三纪的断陷盆地，盆地西北部和东北部中生代白垩（è）纪地层发育良好。近五十年来不断发现恐龙化石，在大同天镇县发现的恐龙化石有蜥脚类、甲龙类、兽角类、鸭嘴龙类、镰刀龙类。

共襄大同

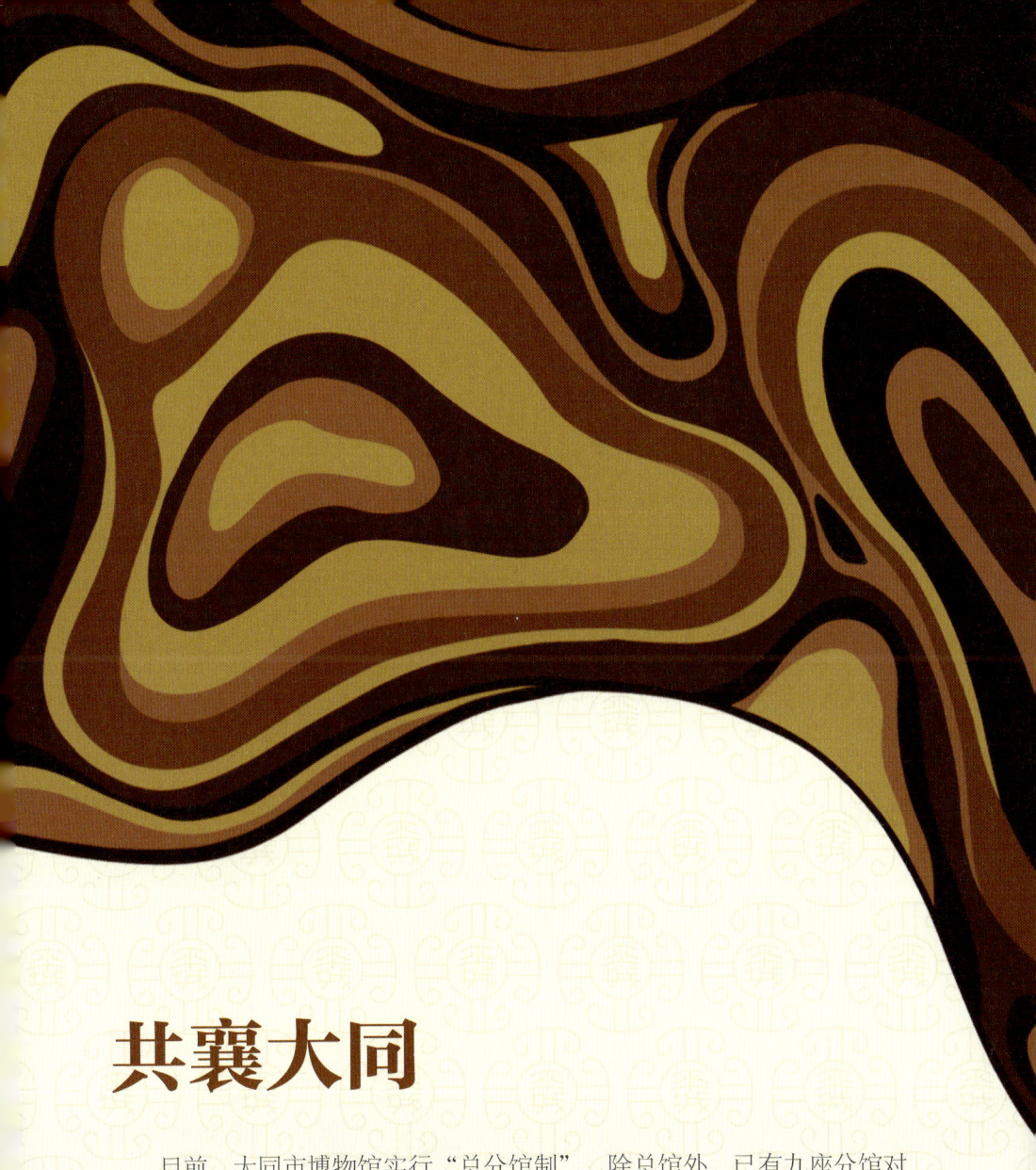

目前，大同市博物馆实行"总分馆制"，除总馆外，已有九座分馆对外开放，即梁思成纪念馆、平城记忆馆、明堂遗址博物馆、魁星文化博物馆、北朝博物馆、辽金元民族融合博物馆、大同红色记忆馆、古代铜造艺术博物馆、魏碑书法家张霭堂故居纪念馆。

在总馆"融合"的主题引领下，不同的分馆既主题鲜明、各具特色，又互相联系、互为增补。

梁思成纪念馆

2011年9月28日开馆，2016年进行展陈提升。位于大同市东城墙带状公园的下沉式广场，是一座仿古二进院落，占地1210平方米，设四个展厅，以"大师·大同"为主题，分为"一代宗师""不愧山河""大同调查""告慰先师"四个展示单元，以大量文字、图片和书籍介绍了梁先生的生平，特别是对梁先生来大同进行古建筑调查的那段历史进行了充分展示，馆藏的多本梁先生的专著更是弥足珍贵。

一代宗师

梁思成于1901年4月20日出生在日本东京，祖籍广东新会（现江门市新会区）。他是中国近代著名学者、政治家、思想家梁启超的长子。梁思成出生之时，中华民族正处在内忧外患之中。父亲因戊戌变法失败，被迫流亡日本。在家庭的影响下，梁思成自幼怀有深刻的民族危机感和赤诚的爱国之心。他在日本生活了11年，1912年随家人返回祖国。

不愧山河

1932年到1935年，梁思成和刘敦桢率林徽因、陈达明、邵力工、莫宗江等先后对河北蓟县（现天津市蓟州区）独乐寺、正定隆兴寺、赵县赵州桥（即安济桥）、北平护国寺、故宫，以及山东、河南、天津等地的重要古建遗址进行了测绘和研究，并绘制了重要建筑的外形及细部结构的图纸，摄制了大量照片。这是中国人第一次用科学方法对中国古建筑进行系

统研究的成果，超过了当时外国学者研究中国古建筑的水平。

大同调查

梁思成一行于1933年9月6日上午8时到达大同，略事安顿便进城巡视一周，决定要考察的建筑物。

6日下午，开始调查华严寺大殿。梁、刘、林、莫的分工如下：梁思成摄影；刘、林抄录碑文，记录结构上特异诸点；莫与工人测量平面。原计划先赴云冈，因雨后路滑，云冈之行顺延。

7日上午调查华严寺薄伽教藏殿及海会殿，摄影并测平面。

7日下午至9日上午调查云冈，9日中午返回大同。

9日下午调查善化寺，晚林徽因返回北平。

10日至16日对华严寺、善化寺全部殿堂搭架细测，并用经纬仪测总平面及各殿高度。

告慰先师

1950年2月，梁思成先生和陈占祥先生共同提出《关于中央人民政府行政中心区位置的建设》，史称"梁陈方案"。它的内容，不是梁思成反对拆城墙那么简单狭义，也不仅仅是为了一个北京古城的完整留存。"梁陈方案"所包含的正是当时世界上最先进的城市发展理念，它是一个全面的、系统的城市规划设计建设书。

2008年初，大同市政府提出"一轴双城，分开发展；古今兼顾，新旧两利；传承文脉，创造特色；不求最大，但求最佳"的较完整的名城保护新思路，同时开展全面修复古城和保护历史文化遗迹行动，以告慰先师。

平城记忆馆

　　平城记忆馆位于东城墙带状公园南侧的下沉广场，与梁思成纪念馆相对而立，占地面积约1210平方米。馆内共设四个展厅，以"老大同记忆"为主题，展示了大同从鸦片战争到改革开放后近两百年的历史。

沧桑的故土

　　鸦片战争后，衰败的清王朝已无法全力抵挡来自西方世界全方位的入侵，地处其腹地的大同也面临着西方势力的渗透。这个农业城市一方面承受着西方的冲击，另一方面也在守护着固有的传统。在由传统楼阁、牌坊、庙宇、民居、城墙所构成的城市轮廓中，出现了高耸入云的教堂。悠扬的驼铃将城内老字号生产的铜器沿万里茶道带去恰克图，也将港口卸下的洋火、煤油和呢绒带到城内新开的洋行。私塾开始走向没落，古老的云中书院变成了大同府中学堂，如李殿林、祁廷杰这样的博学鸿儒依然受到尊重，但也出现如兰承荣这样选择留学东洋的后生晚辈。市井阶层依然喜欢在看戏和听评书的过程中接受关于忠孝节义的教诲，但也会好奇街市上拉洋片的摊位。整个社会已经进入半殖民地半封建的状态，整个国家亟须一场风暴来涤清封建帝制的余毒，迎接新的一天。

萌动的边城

辛亥革命爆发后的大同，历经变革、战乱、和平、发展，旧传统与新风尚碰撞，在曲折中，城市走向新的历史阶段。随着张绥铁路的开通，大同的煤炭工业和对外贸易产业发展迅速，保晋矿务公司大同分公司拉开了近代采煤工业的序幕。

第二次直奉战争和晋奉战争结束后，大同的商业逐渐恢复，商铺鳞次栉比，尤以皮毛加工和茶叶贸易为代表，慎利恒、广丰茶庄都是当时有名的字号。新式学校、商铺、医院、图书馆等建筑的兴起，见证了城市建筑风格的多元变化。但日军的野蛮入侵打断了大同的发展，侵略者的掠夺使得城乡居民的生活处于水深火热之中。大同人民翘首企盼新的太阳可以驱逐所有的黑暗，重新带来和平的日子。

奋进的岁月

1949年5月1日，大同和平解放，大同市的历史从此揭开了新的篇章。在中华人民共和国成立后的三十年里，大同经济发展迅速。由解放初期经济基础薄弱、物资极度匮乏的状况，逐渐发展为以煤炭工业为主体，电力、机械、化工、建材、轻纺等全面发展的新兴工业城市和国家的重要煤炭能源基地。城市建设也取得了长足的发展，居民的物质生活及精神文化生活均有了显著的提高。

变革的时代

十一届三中全会以后，大同市经济得到快速发展，城市发展日新月异，城市面貌发生了巨大的改观。产业结构上，改变了"一煤独大"的传统经济结构模式，建设转型综改试验区。在"稳定第一产业，调整优化第二产业，大力发展第三产业"的方针指引下，着力开发非煤产业，全面推进工业产业结构调整。改善新兴产业发展环境，大力发展服务业、旅游业等新兴产业。城乡居民收入全面稳步增长，从"万元户"到人均万元，城乡居民生活水平连续跨越几个台阶。从基本消除贫困，到解决温饱，再到实现全面建成小康社会，大同人民的物质和精神文化生活都有了质的飞跃。

共襄大同

明堂遗址博物馆

　　明堂遗址博物馆是在遗址重点保护区平城明堂南门遗址的基础上建立的，建筑面积1800平方米，共设三个部分，分别是"惊世发现""平城明堂""考古发现"，利用模型和出土的文物及建筑构件进行集群式的展示。同时，充分利用现代科技手段采用视频播放、触摸屏和VR 技术等多媒体手段，向公众直观地、全景式地还原北魏明堂的壮观景象。

惊世发现

　　北魏末年，平城毁于兵火。郦道元笔下景色优美的平城明堂也化为灰烬，明堂逐渐淡出人们的记忆，其地或建孝文祠堂，或称水磨河，甚至被夷为平地，只能依稀辨别出巨大的环形痕迹，已不知缘由。1995年5月的一天，大同市博物馆考古工作人员来到此处城建工地，从基槽断面的夯土层及瓦片堆积断定，这是一处重要的北魏建筑遗迹，而日后钻探和发掘工作证实此处遗迹就是历史上的北魏平城明堂，环形水道即是辟雍。这一惊人的发现，解开了困扰人们多年的北魏平城遗址的诸多问题，为今后的工作指明了方向和突破口。

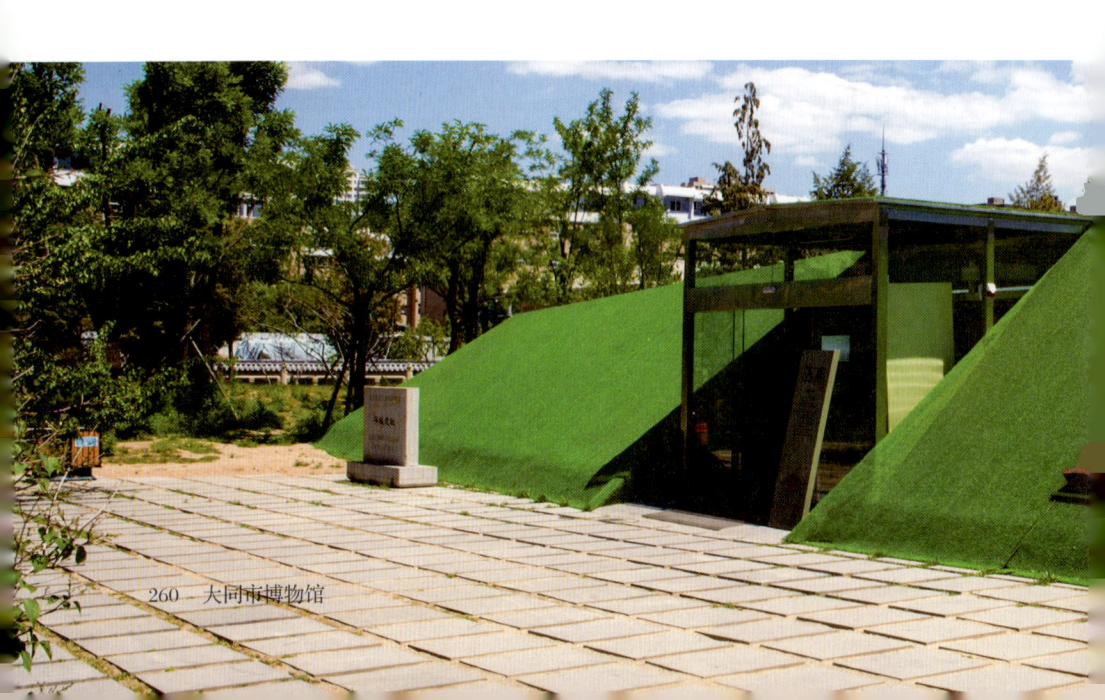

平城明堂

　　为加速汉化进程，太和十年（486年）孝文帝下诏建明堂，太和十五年（491年），即他亲政的次年建成。尚书李冲主持修建明堂，采武周山之石，引入浑水，最终完成这项浩大的系统工程。北魏平城明堂是由拓跋鲜卑主导建设的礼制性建筑，在建设过程中不是简单照搬汉魏礼制文化，而是大胆创新，吸收多元文化，是汉文化、游牧文化和外来文化的融合体，对后世影响深远。

考古发现

　　通过考古调查、钻探和发掘工作掌握大量的基础性资料，是进行科学研究、揭示历史真实面貌的重要前提。文物工作者经过1995年、1996年、2015年三次科学的考古调查、钻探和发掘工作，出土大量珍贵文物，获取了翔实的考古资料和历史信息，取得阶段性成果，为深入研究和探讨北魏平城明堂奠定了坚实的基础。

魁星文化博物馆

　　魁星楼，是明清时期大同城内标志性的文化建筑之一，是当时官府祈望开启"文运"的场所，表达了大同先民渴望知识、祈求人才辈出的美好夙愿。魁星楼就是供奉魁星像的楼阁，现位于武定街与大十字街交会处，是依据左云县魁星楼的有关资料在明清大同县学的旧址附近复建的。据相关史料记载，大同的魁星楼曾经有两座，皆始建于明代，一座位于现大同市府文庙附近，一座位于现大同市五龙壁附近，后都毁于战火，清代虽有重修，但建筑终未留存。魁星楼造型为五层三檐、明三暗二的盔顶楼阁式建筑，底层四面通街，平面呈正八边形，总高31.24米。楼内一层供有魁星像，二层内有闻鸡起舞等劝学故事的壁画，三层为科举制度有关内容简介与40件文房四宝展品。

　　"奎宿"代表着国家的文运，因而古人立庙祭祀，但"奎"字过于抽象无法造像，故古人用"魁"字替代，将神像塑造为"鬼踢斗"的形象。大同魁星楼的重新修建不但体现了明代大同古城楼阁式建筑的风貌，更突出了昌文兴教的主题，丰富了大同市的文化内涵，增强了大同市的古典文化气息。该展览在魁星楼一层、三层展出，分为魁星文化、科举制度两部分内容。

共襄大同

魁星文化

据史料记载，大同的魁星楼始建于明代，共两座，一座位于大同府学，一座位于大同县学。明代大同府学的原址，本为辽金时期西京国子监，明洪武八年（1375年）设立府学，洪武二十九年（1396年）将原府学改为代王府，而把当时的云中驿改为大同府学。其后，历代主政大同的官员对府学皆有修缮。嘉靖十二年（1533年），大同发生兵变，据吴辅宏所著的《大同府志》记载，当时府学"毁无寸遗"。嘉靖十五年（1536年），新任大同巡抚史道与督学郭时叙，重启府学复建工程，于嘉靖十九年（1540年）九月完工，在学内"建文昌、魁星二楼"，并立碑记述。

"魁"字在我国古代文献中出现极早，早在先秦时，就有其应用，但大多出现在解释星相的著作中，例如指代我国古代天文星相学中北斗七星里组成斗身的前四颗星（即天枢、天璇、天玑、天权）。最早赋予"魁"字其他含义的当属《吕氏春秋》，如"圣人生于疾学，不疾学而能为魁士名人者，未之尝有也"。此处的"魁士"应意指出类拔萃之人，"魁"作形容词用。到了宋代，科举制度大兴，在涉及科举事宜时，"魁星"一词出现在当时读书人用于交际、娱乐、抒情的宋词之中。

科举制度

科举制度的发源按照选择范围的差异可以上溯到西周时期的世卿世禄制，至汉代实行察举制度，即举荐与考试结合的选官制度。这在人才选拔和官制建设方面，开创了中国文明史的新纪元，察举制也是科举考试的萌芽状态。隋朝统一中国后，废弃了以门第取士的九品中正制。隋文帝诏行分科取人，隋炀帝创建进士科取士，由朝廷开设科目，士人自由投考，以考试成绩来决定取舍。这种通过考试把读书和选官联系起来的科举制度，是中国历史上选官制度的一大进步，被一些西方学者称为继四大发明后的第五大发明。

明代科举制度到达鼎盛阶段。科举同学堂紧密连接，读书人想要入仕必须先入学，之后方能参加科举考试，这在一定程度上促进了教育的普及。同时，在明代规定了应试答卷的标准形式——八股文体。命题也局限在四书五经中，答题必须根据朱熹的《四书集注》等书，并模仿古人语气"代圣贤立言"。八股文形式死板，内容了无新意，束缚了考生的思想。之后，在明宪宗时于殿试增加"时论"，题目多为与实际相结合的问题，如解决边防、防治水患等。

北朝博物馆

　　北朝博物馆是依托明堂主体建筑建设而成的博物馆。面积4628.88平方米，高27米，地下一层，地上三层，共设六个单元，分别为"妙相西来""卤簿庄穆""魏碑风骨""石雕气象""殿堂华章""都会风华"，集中展示北朝珍贵文物，从不同的方面反映中国历史上这一段缤纷错综、华彩纷呈的历史，是一座集休闲、娱乐于一体的文化胜地。

妙相庄严

　　佛教自两汉之际传入中国，在中国大地上逐渐掀起立寺建塔、开窟造像的热潮。佛经宣扬造像是一种可为造像者带来福报的功德，五六世纪造像之风弥漫北方，这也是佛教深入中国朝野的表现。佛徒或以个人、家庭、寺院为单位，或聚集若干信众组成义邑、法义来造像兴福。石雕艺术在北朝到达鼎盛时期，具有极高的历史和艺术价值。

石雕气象

　　北朝时期佛教石窟寺大规模的开凿活动、民族之间的冲突融合、中西文化的交流碰撞以及佛教因素的传播影响，丰富和发展了中国石雕艺术的水平，也促进了石雕艺术的蓬勃发展，石雕技艺融入人们生活的方方面面，北朝也因此被称为雕刻在石头上的时代。

卤簿庄穆

　　卤簿是中国古代帝王出行仪仗、车马及随从的总称，集仪仗队、军乐队、乐舞

表演、扈卫等整体规模的等级制度，是礼制文化的载体。汉代以前"卤簿"专指天子使用的仪仗，汉代以后卤簿制度适用的范围不断扩大，成为王公贵族出行的时尚。

魏碑风骨

魏碑是南北朝时期北朝文字刻石的通称，源于平城，影响整个北朝，分为碑刻、墓志、摩崖刻石、造像题记，书体风格多样，朴拙险峻，舒畅流丽。魏碑上窥汉秦旧范，下察隋唐习风，开创了隋唐楷法的先河，在我国书法史上占有重要地位。

彼岸世界

北朝早期的丧葬习俗与鲜卑葬俗一脉相承，民族特色鲜明。随着北魏汉化程度不断加深，丧葬制度更多融合了汉魏之制，厚葬之风复苏。墓葬壁画异彩纷呈，随葬器物精美别致，是现实生活的真实写照，反映了对汉以来"事死如生"丧葬传统的继承和发展。

殿堂华章

装饰作为建筑的艺术表现形式之一，从细节之处彰显建筑之美，是传统建筑不可或缺的一部分。北朝时期是中国古建筑文化重要的发展时期，中西文化的交流，民族文化的碰撞，多元文化的相互融合，开启了中国古建筑艺术风格的繁荣局面。

辽金元民族融合博物馆

　　辽金元民族融合博物馆位于大同市平城区清远街北侧95号，以复建的开化寺为场馆，是一座专题性博物馆。该馆为大同市博物馆耗时两年精心打造，也是大同古城内首座辽金元民族融合博物馆。博物馆占地面积2935平方米，建筑面积1590平方米，以民族融合和多元文化为主题，将大同地区出土的辽金元时期文物，以展览的形式呈现在公众面前。展览分"京华·锁钥""法相·庄严""茗酌·商贸""溢彩·生活""魂归·彼岸"五个单元。

京华·锁钥

西京大同，处于古丝绸之路上，不仅是当时北方的一个政治、经济、文化中心，更是重要的军事战略要地。契丹王朝将西京视为重地，"非亲王不得主之"；金代统治者以西京来控御金朝西部国土。辽金统治者先后在西京大同"修司衙，建宫殿，立学宫"，逐步推进城市建设。元代，西方各国使节、商旅等通过商贸之路接踵而至，意大利旅行家马可·波罗称大同是"一座宏伟而美丽的城市"。

法相·庄严

辽代佛教兴盛,圣宗降旨全国尊崇佛法,建造佛寺,抄刻经藏;道宗清宁八年(1062年),建华严寺设祖庙供奉历代诸帝石、铜像。金自开国之初就信奉佛教,太宗完颜晟将佛教引进王室后,在内廷供奉佛像,寺院塔幢大量兴建。巍峨雄伟的华严寺、庄严古朴的善化寺、精巧玲珑的观音堂等寺院建筑,为西京大同增添了绚丽的色彩。元代,西京五教俱兴,大普恩寺(今善化寺)曾集4万僧众作资戒会七昼夜,规模空前,蔚为壮观。

茗酌·商贸

随着南北方商贸和文化的频繁交往,饮茶和饮酒成为西京地区的社会风尚,无论是重大典礼仪式,还是日常生活都与之息息相关,"行茶""行饼茶"等仪式成为时尚。茶酒在西京地区的风行,扩大了对饮用器具的需求,瓷器贸易空前繁荣,地方瓷窑发展迅猛。近年在西京大同出土的大量陶瓷器中既能见到以鸡腿瓶为特色的契丹式瓷器,又能看到定窑、磁州窑系的中原式瓷器,还有来自南方的湖田瓷和景德镇的青花瓷。

溢彩·生活

辽金元时期，社会生活异彩纷呈、绚丽多姿。在物质生活方面呈现出少数民族与汉民族融合的态势。服饰方面多体现出契丹、女真及蒙古特质，同时又夹杂汉人习韵。家居陈设方面，凸显低矮型家具向高型家具的转变。日用器具的丰富，反映出迁居西京大同的少数民族，在饮食习俗上与汉族差异渐小。这些变化体现了民族间的相互接受和共同发展，反映了民族融合的历史发展大趋势。

魂归·彼岸

古人事死如事生，对葬具及随葬品的选择都较为考究。辽金元三代作为北方少数民族建立的政权，丧葬文化既有本民族特点，又与汉族传统有所融合。辽早期，沿袭五代之风，以土葬为主，多随葬大型魂器，中晚期流行火葬，以陶、石棺为主要葬具。金代盛行火葬。西京大同地区墓葬形制以砖室墓为主，其次为土洞墓，墓室内通常绘有壁画，生动再现了墓主生前的世俗生活和时代特征。造型独特的大型魂器、技艺精湛的陶棺瓷罐和极富特色的神秘覆面，精心装点了墓主的魂归世界。

大同红色记忆馆

大同红色记忆馆以古城四合院为场馆建设，内设"红色记忆——大同现代革命历史文物展"。展览以1921—1949年为时限，以"曙光初照""共赴国难""革命到底""缅怀先烈"四个单元回顾大同地区中共党团组织和学、工、群运动的发展历史，再现中国共产党领导大同人民抵抗日寇侵略，赢得民族独立和推倒国民党政府建立新中国的伟大壮举。

曙光初照

1921年7月，随着马克思主义的广泛传播和工人运动的深入发展，各地共产主义小组纷纷建立起来，风云变幻的革命形势急需的无产阶级革命政党——中国共产党正式成立。中共一大通过党纲，规定党的奋斗目标是以无产阶级的军队推翻资产阶级政权，建立无产阶级专政，废除私有制，直至消灭阶级差别。大会确定党成立后的中心任务是组织工人阶级，领导工人运动。

自从有了中国共产党，中国革命焕然一新！

共赴国难

大同地区是日本帝国主义侵华的重灾区，在8年的全面抗战中，经历了日军惨无人道的烧杀抢掠和野蛮侵占。10万多人失去生命，难以估价的资源被掠夺，不可计数的财产被破坏，给大同人民留下难以磨灭的记忆，造成了刻骨铭心的精神伤害。

全面抗战开始后，在中国共产党的努力下，国共实现了第二次合作，组成了广泛的抗日民族统一战线。在统一战线的领导下，大同军民和国际上爱好和平的人士一道，开展了英勇无畏的抗日斗争，历经千难万苦，最终迎来了胜利。

革命到底

抗战胜利后，中国共产党从人民利益出发，争取民主团结与和平建国，国民党政府则坚持"假共和真内战"的政策，加紧积极备战。

在大同，国共双方在美国代表监督下进行"军调"。其间，大同党政军机关配合中央"向南防御，向北发展"战略，为延安党政军干部转移做了大量工作，为解放战争的胜利贡献了力量。战争爆发后，党在大同地区继续开展土改运动，进行经济建设，配合前线部队的作战。1949年胜利前夕，党从人民利益出发，努力争取国民党大同守城部队和平改编，最终迎来雁北地区和平解放的曙光。

缅怀先烈

抗战期间，大同地区有无数的共产党员、仁人志士为了民族独立与日本帝国主义英勇斗争，他们不计个人得失，甘洒热血，甚至壮烈殉国。他们中有归国华侨、国际友人、地委书记、抗日县长、游击队长，甚至有儿童团员。这些抗日英烈是中华民族的脊梁，他们是大同人民的骄傲，他们的英名永世长存，精神光照千秋！

古代铜造艺术博物馆

　　大同古代铜造艺术博物馆是一座明清风格的四合院建筑，共计占地面积998.5平方米，设有七间展厅。其基本陈列"铜耀大同——明清大同铜造艺术陈列"分为"古韵新风""炉火纯青""燕闲清赏""奢华铜享"四个单元，展示大同地区明清两代六百余年的铜造技艺，展出文物247件（套），其中包含了明清时期仿制商周青铜彝器、宣德炉、文房闲赏及蒙汉商业交往见证物，充分反映了雁北古城大同在明清时期商业兴盛、人文鼎盛、民族融合的繁荣景象。

古韵新风

明清时期，伴随着社会经济的发展，承载着"礼治"功能的青铜器逐渐平民化。此时铜器不同于夏商周时期具有严格的制作规范及用途，铜器的制作与使用范围都有了很大的扩展，结合了时代文化与地域风格，明清铜器呈现出多姿多彩的制作风貌。

这一时期的大同铜器不再拘泥于古，而是取古意铸新器。一边在主题、形状、材质、工艺等各方面极尽仿古之能，一边又拓宽了这些铜器的用途，不仅将其用于庄严的祭祀活动，还更多地用于宗教供奉和陈设，礼制的庄严逐渐被世俗情怀取代，从维护夏商周礼制转为关注现世生活，铜器具有了更加多样化的功能，尽显法古悦新之象，使用空间和欣赏内涵都得到了极大的拓展。

炉火纯青

"朱火然其中，青烟扬其间。"从古至今，无论作为国之重器，还是文房香具，处处都有铜炉的身影。铜炉历史悠久，早在汉代，民间就已有了焚香所用的"博山炉"，至明清时期，铜炉的制作到达顶峰，尤以"宣德炉"享誉中外。

明代宣德炉的铸造揭开了中国制铜史上的新篇章，其在合金配制、熔炼、铸造及表面处理技术上都达到了一个新的高度，不仅代表着宣德时期铸器的最高水平，也标志着我国铜器铸造业进入了新的发展阶段。其在造型上参照了夏商周青铜器与宋代瓷器的经典器形，用料讲究，制作精良。典雅圆润的宣德炉和制作精巧的其他香炉，既得沉香氤氲（yīn yūn）之妙，又寓盎然意趣其中，蕴含了深厚的历史文化内涵。

燕闲清赏

大同铜器在继承传统工艺优秀成分的同时，又将外来文化因素融合贯通，铜器的制作融合了当地的生活情趣、民俗民风，各种象生造型精妙雅致，文房用具构思巧妙、形制多样。其中不仅有取用古代样式赋予新意之器，也有不少独出心裁的动物造型，衍生出不少佳铸之器，精美的陈设用

共襄大同　275

品及文房用具将造型艺术、生活实用、时代理念融于一体，典雅时尚。

奢华铜享

明清时期，大同铜器随着"万里茶道"的兴盛享誉中外。精湛的制铜技艺以及独特的地理位置使得大同成为当时北方重要的铜器制作、贸易中心，大同铜器名冠全国。史料记载，清时大同城区铜器商铺林立，涌现了各有绝技的近百户铜匠。当时钟楼院巷街制铜作坊达七十余家，周边县、乡也多有铜器作坊。传统的铜制品成为大同特色，大同铜作铺号驰名全国。

铜器以其便携、耐用、易保存的优点深受草原民族的喜爱，地处北地的大同，历来是多民族融合之地，受草原民族的影响，铜器一直备受大同民众的喜爱。随着时代的发展，原本奢华的铜器逐渐走进了民众的日常生活之中，涵盖了生活的各个方面，并与当地的民俗民风相融合，构成了当地独特的社会文化现象。

魏碑书法家
张霭堂故居纪念馆

　　魏碑书法家张霭堂故居纪念馆，位于大同市平城区马王庙街18号院。馆内基本陈列包括张霭堂生平事迹及书法艺术两大部分，展出张霭堂相关用品、文件、书法作品270余件（套），从人品、书品两个方面，阐释张霭堂先生的书法艺术价值和道德风范。

　　张霭堂（1889—1973年）名世祥，号霭堂，清光绪十五年（1889年）正月二十八日出生在大同城内马王庙街18号院。自幼接受儒家传统教育，勤勉好学。十二岁丧父，十五岁从商。在经商同时，广结书友，博采大家，书法作品古朴典雅，尤以书写魏碑书体见长。1973年1月11日病逝，享年八十四岁。

少年失怙　勤勉向学

张霭堂先祖于清初由外省迁徙至山西大同。清道光年间便是一名门大家。清光绪初年，其父受民间荐举，获得"乡饮介宾"荣誉名号。

张霭堂自幼聪颖，勤勉好学。年少丧父，励志奋发，益增强自立自强品格。

创业肇始　云锦华章

张霭堂十五岁进入大同著名老字号"恒丽魁"当学徒期间，因深得店主信任，被派驻京津，在此期间他结实了大同著名商号"德泰钰"的孟瑞锦先生。

1917年，张霭堂集孟瑞锦先生等几家股东资金，在大同创建"云锦章"绸缎庄，虽为新商号，但他经营有方，很快跻身著名商号之列，且在京津、苏杭、内蒙古建立分号。他利用商务交往之机，结识京津地区名家、大家，书艺渐趋成熟。作品超凡脱俗，具书卷气息。

传承魏碑　翰墨生涯

在当时帖学式微、碑学盛行的时代，张霭堂注重观摩历年出土北魏碑刻、墓铭、造像题记等刻石文字，反复临摹《郑文公碑》《张猛龙碑》《旧拓龙门二十品》等法帖，逐渐形成了自己独特的风格，为魏碑故里——大同的魏碑延续传承发挥了承前启后的时代作用。

1949年中华人民共和国成立后，张霭堂先生多次为政府部门、文物保护单位、机关、学校等书写大型牌匾、碑记、名称标识等。

人品书品　誉播古城

张霭堂青年持家勤俭刻苦，中年励志勤勉做事，壮年守正民族大义，晚年诚恳为民服务；心存"正心、修身、齐家、治国、平天下"的传统理想，终生亲推"欲高门第须为善，要好儿孙必读书"的家训家风，他亲力亲为，在家族中极具威望，在社会中享有盛誉。

书品·浑穆尚神

张霭堂的书法,抓住了魏碑书法之精髓,其作品彰显俊悟形质、神采风骨,体现了"拙朴美、均衡美、稳健美、随性美"的美学追求。

融通·拙正工巧

张霭堂对碑学、帖学广泛涉猎,挹其精髓。将篆、隶、楷融通一体,集各体之长,形成独特的风格。大巧若拙,拙朴而不粗俗,古劲横逸,丰润力正。

家书·父慈而教

张霭堂一生严于律己、宽以待人。对子女孙辈训示"欲高门第须为善,要好儿孙必读书"。对后辈的笃学、上进、修身、养性等处人待物细微之处均有提示,实为父慈而教矣。

生字词注音释义

顺序	生字词	释义
A	鳌（áo）	傲慢；不驯顺。
B	蚌（bàng）	1.软体动物。有两个椭圆形介壳，可以开闭。壳表面黑绿色，有环状纹，里面有珍珠层。生活在淡水中，有的种类产珍珠。多音字，读（bèng）时，地名用字。
	钵（bō）	1.敞口器皿。似盆而小，多由陶瓷制成。2.特指僧人的食器。梵语"钵多罗"（patra）的省称。形圆而扁，平底，口略小，用铁或泥制成。
	锛（bēn）	1.锛子。削平木料的平头斧。2.用锛子一类工具砍削；用镐掘地。3.刀刃出现缺口。
	觱篥（bì lì）	乐器名。胡人吹奏的一种木管乐器。以竹为管，以芦为首，全长七寸，状似胡笳而九孔，其声甚悲。
	笾（biān）	古代祭祀或宴会时用来盛果实、干肉的竹器。
C	铊（chá）	铊尾，也作"挞尾""獭尾""塌尾""鱼尾"。职官、士庶所系腰带的尾部。
	柽（chēng）	柽柳，即河柳。落叶小乔木，枝条纤弱，一般下垂，叶子较小，呈鳞片状，开淡红色小花。枝条可编筐，枝叶可入药。也称"三春柳""观音柳"。
	枨（chéng）	1.古时门两旁所竖的木柱，用来防御车过触门。2.触动。
	鸱（chī）	鸱鹰。又名鸱子、鸢鹰、老鹰。一种猛禽，以小动物为食。
	螭（chī）	古代传说中没有角的龙。古代建筑中或工艺品上常用它的形状做装饰。
	舂（chōng）	1.用杵臼捣去谷物皮壳。2.捣碎某种物体。
	铳（chòng）	用火药发射弹丸的管形火器。
	椽（chuán）	椽子。架在檩子上承接屋面和瓦片的长条形木料。
	钏（chuàn）	手腕上戴的镯子，是常见的首饰之一。
D	狄（dí）	1.我国古代北方的一个民族。泛指北方各民族。2.姓。
	舐（dǐ）	同"抵"，顶；支撑。
	蹀躞（dié xiè）	隋唐常见的一种功能型腰带，称为蹀躞带，简称蹀躞。引申义：1.小步走路。 2.往来徘徊。
	犊鼻裈（dú bí kūn）	亦作"犊鼻裩"。省作"犊鼻""犊裈"。意为短裤。
	碓（duì）	1.舂米的用具。在杠杆一端安椭圆或上方下圆的石头，用脚踩另一端，使圆石起落，捣去石臼里稻谷的壳。2.捣；舂。

280　大同市博物馆

顺序	生字词	释义
E	垩（è）	白色的土。泛指用来涂饰的各色土。
F	幞（fú）	幞头，古代男子用的头巾。
F	釜（fǔ）	1.古炊具。2.古量器名。坛形，小口大腹，有两耳。
G	乾闼（gān tà）婆	1.梵语Gandharva的译音，亦译作"健闼缚""犍闼婆"。2.古代西域对乐人的美称。3.指海市蜃楼。
G	句（gōu）	1.古同"勾"。2.用于"高句丽"。多音字，读（jù）时，1.句子。由词或词组组成的、能表达一个相对完整的意思、有一个特定语调的语言单位。2.量词。用于言语或诗文。
G	盥（guàn）	沃盥，浇水洗手。
H	犼（hǒu）	古书上说的一种吃人的野兽，形状像狗。
H	闳（hóng）	1.巷门。2.宏大。
H	獾（huān）	哺乳动物。又叫狗獾。头尖吻长，掘土，体毛灰色。
H	圜（huán）	同"环"。多音字，读（yuán）时，同"圆"。
J	戟（jǐ）	古代兵器。长柄一端装有枪尖，旁边附有月牙形锋刃，可以直刺和横击。
J	汲（jí）	1.从井里打水。2.汲汲，形容心情急切；急切追求。
J	髻（jì）	1.盘在头顶或脑后的发结。2.喻指美丽的山峰。
J	釿（jīn）	1.古同"斤"，斧头。2.古代金属重量名，亦货币名。中国战国时期东方各国多以"釿"为单位，秦统一衡制时被废除。
K	龛（kān）	1.供奉神像、佛像或神位的小阁子或石室。
K	銙（kuǎ）	1.古代附于腰带上的装饰品，用金、银、铁、犀角等制成。2.形似带銙的一种茶，称"銙茶"。3.量词，计算茶叶銙数的单位。
K	髡（kūn）	1.剃发。2.古代刑罚名。古代男子皆留长发，剃去头发也是一种刑罚。
L	赉（lài）	赐予；给予。
L	蔺（lìn）	1.灯芯草。2.马蔺，多年生草本植物。根状茎短而粗，叶细条形，花蓝紫色。叶子富于韧性，可用来捆东西，也可以用来造纸。根可以制刷子。花和种子可以制药材。也说马莲。
L	伶（líng）	独自行走。
L	鎏（liú）	成色好的金子。同"镏（liú）"。
M	鍪（móu）	1.炊器。2.武士的头盔。
N	捺钵（nà bō）	契丹语的译音，意为辽帝的行营，是辽帝在一年之中所从事的与契丹游牧习俗相关的营地迁徙和游牧射猎等活动。
N	辇（niǎn）	1.古代用人挽或推的车。2.秦、汉以后专指帝王、后妃乘坐的车。

顺序	生字词	释义
P	蟠螭（pán chī）	蟠螭是龙属的蛇状神怪之物，是一种无角的早期龙，对蟠螭也有两种说法，一种是指黄色的无角龙，另一种是指雌性的龙。
	蟠虺（pán huī）	青铜器纹饰的一种，以蟠曲的小蛇的形象，构成几何图形。
	鋬（pàn）	器物侧边供手提拿的部分。
	帔（pèi）	古代贵族妇女的礼服，大袖褙子。
	辔（pèi）	驾驭牲口的缰绳。
	铺首（pū shǒu）	又称门铺，是古代中国传统建筑物门的装饰构件，多装饰于青铜器、陶器、瓷器、漆木器、画像石、墓门、墓葬棺椁以及建筑的门上。
Q	戗（qiāng）	1.方向相对；逆。2.（言语）冲突。多音字，读（qiàng）时，意为支撑；支持。
	檠（qíng）	1.矫正弓弩的器具。2.灯台；灯架。3.灯。
	磬（qìng）	1.古代打击乐器。用玉、石、金属制成，形似曲尺，用绳索悬挂。2.僧侣所用的打击乐器，形状似钵，一般以铜制成。
R	鞣（róu）	用鞣料（能使兽皮柔软的物质，如栲胶、鱼油等）将兽皮制成柔软的皮革。
	缛（rù）	1.繁密的彩色装饰。2.繁多；琐碎。
S	觞（shāng）	盛满酒的酒杯。也泛指酒器。
	豕（shǐ）	猪。
	黍（shǔ）	1.黍子。一年生草本植物，其籽实煮熟后有黏性，可以酿酒、做糕等。2.黍的籽实。
	黍稷（shǔ jì）	1.为古代主要农作物。亦泛指五谷。2.感叹古今兴亡。
	粟（sù）	1.古泛指谷物。2.北方通称谷子。一年生草本植物，秆粗壮，叶片呈线状披针形，籽实黄白色似鱼卵，去壳后称小米。
T	焘（tāo）	（dào）的又音。多用于人名。
	饕餮（tāo tiè）	中国古代神话传说中的一种凶恶贪食的野兽，四大凶兽之一。古代鼎彝等铜器上面常用它的头部形状做装饰，叫作饕餮纹。
	绹（táo）	同"绚"，绳索。
	鞓（tīng）	皮腰带。
	橦（tóng）	1.指木棉树，花可以织布。多音字，读（chuáng）时，古代指旗杆、桅杆等。
W	庑（wǔ）	1.堂下周围的屋子。2.堂下左右的屋子。3.堂下四周的走廊。
	逜（wǔ）	古同"悟"，违背；抵触。

顺序	生字词	释义
X	薤（xiè）	多年生草本植物。叶细长，花紫色。地下有鳞茎，可供食用。
	骍（xīng）	赤色的马或牛。
	髹（xiū）	用漆涂在器物上。
	埙（xūn）	古代陶制的吹奏乐器。
Y	轺（yáo）	1.轺车，古代一种轻便的小车。2.军车。
	揲（yè）	1.箕舌。2.将物体捶薄。多音字，读（dié）时，意为摺叠。读（shé）时，1.古代数蓍草以占卜吉凶。2.积累。3.取。
	匜（yí）	古代盥洗时舀水用的器具，形状像瓢。
	氤氲（yīn yūn）	1.烟云弥漫的样子。2.形容香气不绝。
	妤（yú）	婕妤，古时宫中的女官名，是妃嫔的称号。
	舆（yú）	1.车厢；车。2.轿子。3.喻指地。4.众多；众人的。
	蔚（yù）	蔚县，地名。在河北。多音字，读（wèi）时，1.草木茂盛。2.盛大。3.有文采的。
	赟（yūn）	美好（多用于人名）。
Z	錾（zàn）	1.小凿子。2.在金石上雕刻。
	褶（zhě）	1.衣服的褶子。2.皮肤上的皱纹。
	箴（zhēn）	1.缝衣或针灸用的工具。2.规劝；告诫。3.古代文体的一种。以劝诫为表达的主题。
	啄（zhuó）	鸟用嘴取食。
	斫（zhuó）	大锄，引申为用刀、斧等砍。斫木指被砍削的树。
	俎（zǔ）	1.古代祭祀或宴会时用来盛放祭品或食品的器具。2.切肉用的砧板。3.姓。
	樽（zūn）	古代盛酒的器具。

忆华年主要文博类出版物

博典·博物馆笔记书

已出版——
《故宫里的海底精灵》
《故宫里的晴空白羽》
《故宫里的瑰丽珐琅》
《故宫里的温润君子》
《故宫里的金色时光》
《故宫里的琳琅烟云》
《故宫里的夜宴清歌》
《故宫里的阆苑魅影》
《故宫里的诗经墨韵》
《故宫里的洛神之恋》
《故宫里的金枝玉叶》
《故宫里的花语清风》
《故宫里的天子闲趣》
《故宫里的丽人雅趣》
《故宫里的童子妙趣》
《故宫里的禅定瑜伽》
《故宫里的花样冰嬉》
《故宫里的森林"萌"主》
《渔舟唱晚·墨霖山海》

待出版——
《故宫里的丹心爱犬》
《故宫里的绿鬓红颜》
《故宫里的顽皮宝贝》
《故宫里的十二生肖》
《故宫里的百态造像（动物）》
《故宫里的百态造像（人物）》

全国博物馆通识系列·一本博物馆

已出版——
《一本博物馆 南京博物院》
《一本博物馆 陕西历史博物馆》
《一本博物馆 湖北省博物馆》
《一本博物馆 湖南博物院》
《一本博物馆 辽宁省博物馆》
《一本博物馆 大同市博物馆》

待出版——
《一本博物馆 广东省博物馆》
《一本博物馆 成都博物馆》
《一本博物馆 安徽博物院》
《一本博物馆 山东博物馆》
《一本博物馆 重庆中国三峡博物馆》
《一本博物馆 中国（海南）南海博物馆》
《一本博物馆 广西壮族自治区博物馆》